I0089969

TRANZLATY

La lingua è per tutti

Språk är till för alla

Il richiamo della foresta

Skriet från vildmarken

Jack London

Italiano / Svenska

Copyright © 2025 Tranzlaty
All rights reserved
Published by Tranzlaty
ISBN: 978-1-80572-907-5
Original text by Jack London
The Call of the Wild
First published in 1903
www.tranzlaty.com

Nel primitivo
In i det primitiva

Buck non leggeva i giornali.
Buck läste inte tidningarna.
Se avesse letto i giornali avrebbe saputo che i guai si stavano avvicinando.
Om han hade läst tidningarna hade han vetat att problem var på gång.
Non erano guai solo per lui, ma per tutti i cani da caccia.
Det var problem inte bara för honom själv, utan för varje tidvattenshund.
Ogni cane con muscoli forti e pelo lungo e caldo sarebbe stato nei guai.
Varje hund med starka muskler och varm, lång päls skulle få problem.
Da Puget Bay a San Diego nessun cane poteva sfuggire a ciò che stava per accadere.
Från Puget Bay till San Diego kunde ingen hund undkomma det som väntade.
Gli uomini, brancolando nell'oscurità artica, avevano trovato un metallo giallo.
Män, som trevade i det arktiska mörkret, hade funnit en gul metall.
Le compagnie di navigazione a vapore e di trasporto erano alla ricerca della scoperta.
Ångfartygs- och transportföretag jagade upptäckten.
Migliaia di uomini si riversarono nel Nord.
Tusentals män rusade in i Nordlandet.
Questi uomini volevano dei cani, e i cani che volevano erano cani pesanti.
Dessa män ville ha hundar, och hundarna de ville ha var tunga hundar.
Cani dotati di muscoli forti per lavorare duro.
Hundar med starka muskler att slita med.
Cani con il pelo folto che li protegge dal gelo.
Hundar med päls som skyddar dem mot frosten.

Buck viveva in una grande casa nella soleggiata Santa Clara Valley.
Buck bodde i ett stort hus i den solkyssta Santa Clara Valley.
La casa del giudice Miller era chiamata così.
Domare Millers plats, hans hus kallades.
La sua casa era nascosta tra gli alberi, lontana dalla strada.
Hans hus stod en bit från vägen, halvt dolt bland träden.
Si poteva intravedere l'ampia veranda che circondava la casa.
Man kunde få glimtar av den breda verandan som löpte runt huset.
Si accedeva alla casa tramite vialetti ghiaiosi.
Huset nåddes via grusade uppfarter.
I sentieri si snodavano attraverso ampi prati.
Stigarna slingrade sig genom vidsträckta gräsmattor.
In alto si intrecciavano i rami degli alti pioppi.
Ovanför låg de sammanflätade grenarna av höga popplar.
Nella parte posteriore della casa le cose erano ancora più spaziose.
På baksidan av huset var det ännu rymligare.
C'erano grandi scuderie, dove una dozzina di stallieri chiacchieravano
Det fanns stora stall, där ett dussin brudgummar pratade
C'erano file di cottage per i servi ricoperti di vite
Det fanns rader av vinrankklädda tjänstefolksstugor
E c'era una serie infinita e ordinata di latrine
Och det fanns en oändlig och ordnad samling av uthus
Lunghi pergolati d'uva, pascoli verdi, frutteti e campi di bacche.
Långa vinbärsträd, gröna betesmarker, fruktträdgårdar och bärfält.
Poi c'era l'impianto di pompaggio per il pozzo artesiano.
Sedan fanns det pumpanläggningen för den artesiska brunnen.
E c'era la grande cisterna di cemento piena d'acqua.
Och där stod den stora cementtanken fylld med vatten.
Qui i ragazzi del giudice Miller hanno fatto il loro tuffo mattutino.

Här tog domare Millers pojkar sitt morgondopp.
E lì si rinfrescavano anche nel caldo pomeriggio.
Och de svalkade sig där även på den varma eftermiddagen.
E su questo grande dominio, Buck era colui che lo governava tutto.
Och över detta stora domänområde var det Buck som styrde alltihop.
Buck nacque su questa terra e visse qui tutti i suoi quattro anni.
Buck föddes på denna mark och bodde här alla sina fyra år.
C'erano effettivamente altri cani, ma non avevano molta importanza.
Det fanns visserligen andra hundar, men de spelade egentligen ingen roll.
In un posto vasto come questo ci si aspettava la presenza di altri cani.
Andra hundar förväntades på en plats så vidsträckt som denna.
Questi cani andavano e venivano oppure vivevano nei canili affollati.
Dessa hundar kom och gick, eller bodde inne i de livliga kennlarna.
Alcuni cani vivevano nascosti in casa, come Toots e Ysabel.
Några hundar bodde gömda i huset, precis som Toots och Ysabel gjorde.
Toots era un carlino giapponese, Ysabel una cagnolina messicana senza pelo.
Toots var en japansk mops, Ysabel en mexikansk hårlös hund.
Queste strane creature raramente uscivano di casa.
Dessa märkliga varelser gick sällan utanför huset.
Non toccarono terra né annusarono l'aria esterna.
De varken rörde marken eller luktade i den öppna luften utanför.
C'erano anche i fox terrier, almeno una ventina.
Det fanns också foxterriererna, minst tjugo till antalet.
Questi terrier abbaiavano ferocemente a Toots e Ysabel in casa.

Dessa terrierer skällde ilsket på Toots och Ysabel inomhus.

Toots e Ysabel rimasero dietro le finestre, al sicuro da ogni pericolo.

Toots och Ysabel stannade bakom fönstren, skyddade från fara.

Erano sorvegliati da domestiche armate di scope e stracci.

De bevakades av hushjälpar med kvastar och moppar.

Ma Buck non era un cane da casa e nemmeno da canile.

Men Buck var ingen hushund, och han var ingen kennelhund heller.

L'intera proprietà apparteneva a Buck come suo legittimo regno.

Hela egendomen tillhörde Buck som hans rättmätiga rike.

Buck nuotava nella vasca o andava a caccia con i figli del giudice.

Buck simmade i dammen eller gick på jakt med domarens söner.

Camminava con Mollie e Alice nelle prime ore del mattino o tardi.

Han promenerade med Mollie och Alice under de tidiga eller sena timmarna.

Nelle notti fredde si sdraiava davanti al fuoco della biblioteca insieme al giudice.

På kalla nätter låg han framför bibliotekets eld med domaren.

Buck accompagnava i nipoti del giudice sulla sua robusta schiena.

Buck skjutsade domarens barnbarn på sin starka rygg.

Si rotolava nell'erba insieme ai ragazzi, sorvegliandoli da vicino.

Han rullade sig i gräset med pojkarna och vaktade dem noga.

Si avventurarono fino alla fontana e addirittura oltre i campi di bacche.

De vågade sig till fontänen och till och med förbi bärfälten.

Tra i fox terrier, Buck camminava sempre con orgoglio regale.

Bland foxterriererna vandrade Buck alltid med kunglig stolthet.

Ignorò Toots e Ysabel, trattandoli come se fossero aria.
Han ignorerade Toots och Ysabel och behandlade dem som
om de vore luft.
**Buck governava tutte le creature viventi sulla terra del
giudice Miller.**
Buck härskade över alla levande varelser på domare Millers
mark.
**Dominava gli animali, gli insetti, gli uccelli e perfino gli
esseri umani.**
Han härskade över djur, insekter, fåglar och till och med
människor.
**Il padre di Buck, Elmo, era un enorme e fedele San
Bernardo.**
Bucks far Elmo hade varit en enorm och lojal sankt
bernhardshund.
Elmo non si allontanò mai dal Giudice e lo servì fedelmente.
Elmo lämnade aldrig domarens sida och tjänade honom
troget.
Buck sembrava pronto a seguire il nobile esempio del padre.
Buck verkade redo att följa sin fars ädla exempel.
Buck non era altrettanto grande: pesava sessanta chili.
Buck var inte riktigt lika stor, vägde fyrahundra kilo.
**Sua madre, Shep, era una splendida cagnolina da pastore
scozzese.**
Hans mor, Shep, hade varit en fin skotsk herdehund.
**Ma nonostante il suo peso, Buck camminava con una
presenza regale.**
Men även med den vikten gick Buck med kunglig närvaro.
**Ciò derivava dal buon cibo e dal rispetto che riceveva
sempre.**
Detta kom sig av god mat och den respekt han alltid fick.
Per quattro anni Buck aveva vissuto come un nobile viziato.
I fyra år hade Buck levt som en bortskämd adelsman.
Era orgoglioso di sé stesso e perfino un po' egocentrico.
Han var stolt över sig själv, och till och med lite egoistisk.
**Quel tipo di orgoglio era comune tra i signori delle
campagne remote.**

Den sortens stolthet var vanlig bland avlägsna landsherrar.
Ma Buck si salvò dal diventare un cane domestico viziato.
Men Buck räddade sig från att bli en bortskämd hushund.
Rimase snello e forte grazie alla caccia e all'esercizio fisico.
Han höll sig smal och stark genom jakt och motion.
Amava profondamente l'acqua, come chi si bagna nei laghi freddi.
Han älskade vatten djupt, liksom människor som badar i kalla sjöar.
Questo amore per l'acqua mantenne Buck forte e molto sano.
Denna kärlek till vatten höll Buck stark och mycket frisk.
Questo era il cane che Buck era diventato nell'autunno del 1897.
Det här var hunden Buck hade blivit hösten 1897.
Quando lo sciopero del Klondike spinse gli uomini verso il gelido Nord.
När Klondike-attacken drog män till det frusna norr.
Da ogni parte del mondo la gente accorse in massa verso la fredda terra.
Människor rusade från hela världen in i det kalla landet.
Buck, tuttavia, non leggeva i giornali e non capiva le notizie.
Buck läste emellertid varken tidningar eller nyheter.
Non sapeva che Manuel fosse una persona cattiva con cui stare.
Han visste inte att Manuel var en dålig man att vara i närheten av.
Manuel, che aiutava in giardino, aveva un grosso problema.
Manuel, som hjälpte till i trädgården, hade ett djupt problem.
Manuel era dipendente dal gioco d'azzardo alla lotteria cinese.
Manuel var spelberoende i det kinesiska lotteriet.
Credeva fermamente anche in un sistema fisso per vincere.
Han trodde också starkt på ett fast system för att vinna.
Questa convinzione rese il suo fallimento certo e inevitabile.
Den tron gjorde hans misslyckande säkert och oundvikligt.
Per giocare con un sistema erano necessari soldi, soldi che a Manuel mancavano.

Att spela ett system kräver pengar, vilket Manuel saknade.

Il suo stipendio bastava a malapena a sostenere la moglie e i numerosi figli.

Hans lön försörjde knappt hans fru och många barn.

La notte in cui Manuel tradì Buck, tutto era normale.

Natten då Manuel förrådde Buck var allt normalt.

Il giudice si trovava a una riunione dell'Associazione dei coltivatori di uva passa.

Domaren var på ett möte för russinodlareföreningen.

A quel tempo i figli del giudice erano impegnati a fondare un club sportivo.

Domarens söner var då upptagna med att bilda en idrottsklubb.

Nessuno vide Manuel e Buck uscire dal frutteto.

Ingen såg Manuel och Buck gå genom fruktträdgården.

Buck pensava che questa fosse solo una semplice passeggiata notturna.

Buck trodde att den här promenaden bara var en enkel nattpromenad.

Incontrarono un solo uomo alla stazione della bandiera, a College Park.

De mötte bara en man vid flaggstationen i College Park.

Quell'uomo parlò con Manuel e si scambiarono i soldi.

Mannen pratade med Manuel, och de växlade pengar.

"Imballa la merce prima di consegnarla", suggerì.

"Slå in varorna innan du levererar dem", föreslog han.

La voce dell'uomo era roca e impaziente mentre parlava.

Mannens röst var grov och otålig när han talade.

Manuel legò con cura una corda spessa attorno al collo di Buck.

Manuel knöt försiktigt ett tjockt rep runt Bucks hals.

"Se giri la corda, lo strangolerai di brutto"

"Vrid repet, så stryper du honom ordentligt"

Lo straniero emise un grugnito, dimostrando di aver capito bene.

Främlingen grymtade till, vilket visade att han förstod väl.

Quel giorno Buck accettò la corda con calma e silenziosa dignità.

Buck tog emot repet med lugn och stillsam värdighet den dagen.

Era un atto insolito, ma Buck si fidava degli uomini che conosceva.

Det var en ovanlig handling, men Buck litade på männen han kände.

Credeva che la loro saggezza andasse ben oltre il suo pensiero.

Han trodde att deras visdom sträckte sig långt bortom hans eget tänkande.

Ma poi la corda venne consegnata nelle mani dello straniero.

Men sedan räcktes repet i främlingens händer.

Buck emise un ringhio basso che suonava come un avvertimento e una minaccia silenziosa.

Buck gav ifrån sig ett lågt morrande som varnade med stillsam hot.

Era orgoglioso e autoritario e intendeva mostrare il suo disappunto.

Han var stolt och befallande, och hade för avsikt att visa sitt missnöje.

Buck credeva che il suo avvertimento sarebbe stato interpretato come un ordine.

Buck trodde att hans varning skulle tolkas som en order.

Con suo grande stupore, la corda si strinse rapidamente attorno al suo grosso collo.

Till hans chock spändes repet hårt runt hans tjocka hals.

Gli mancò l'aria e cominciò a lottare in preda a una rabbia improvvisa.

Hans luft stängdes av och han började slåss i ett plötsligt raseri.

Si lanciò verso l'uomo, che si lanciò rapidamente contro Buck a mezz'aria.

Han sprang mot mannen, som snabbt mötte Buck i luften.

L'uomo afferrò Buck per la gola e lo fece ruotare abilmente in aria.

Mannen grep tag i Bucks hals och vred skickligt upp honom i luften.

Buck venne scaraventato a terra con violenza, atterrando sulla schiena.

Buck kastades hårt omkull och landade platt på rygg.

La corda ora lo strangolava crudelmente mentre lui scalciava selvaggiamente.

Repet strypte honom nu grymt medan han sparkade vilt.

La sua lingua cadde fuori, il suo petto si sollevò, ma non riprese fiato.

Hans tunga föll ut, hans bröstkorg hävdes, men han fick ingen andning.

Non era mai stato trattato con tanta violenza in vita sua.

Han hade aldrig blivit behandlad med sådant våld i sitt liv.

Non era mai stato così profondamente invaso da una rabbia così profonda.

Han hade inte heller varit fylld av en sådan djup ilska förut.

Ma il potere di Buck svanì e i suoi occhi diventarono vitrei.

Men Bucks kraft bleknade, och hans ögon blev glasartade.

Svenne proprio mentre un treno veniva fermato lì vicino.

Han svimmade precis när ett tåg stannade till i närheten.

Poi i due uomini lo caricarono velocemente nel vagone bagagli.

Sedan kastade de två männen honom snabbt in i bagagevagnen.

La cosa successiva che Buck sentì fu dolore alla lingua gonfia.

Nästa sak Buck kände var smärta i sin svullna tunga.

Si muoveva su un carro traballante, solo vagamente cosciente.

Han rörde sig i en skakande vagn, endast svagt medvetande.

Il fischio acuto di un treno rivelò a Buck la sua posizione.

Det skarpa skriket från en tågvissla avslöjade Bucks position.

Aveva spesso cavalcato con il Giudice e conosceva quella sensazione.

Han hade ofta åkt med domaren och kände igen känslan.

Fu un'esperienza unica viaggiare di nuovo in un vagone bagagli.
Det var den unika känslan av att resa i en bagagevagn igen.
Buck aprì gli occhi e il suo sguardo ardeva di rabbia.
Buck öppnade ögonen, och hans blick brann av ilska.
Questa era l'ira di un re orgoglioso detronizzato.
Detta var vreden hos en stolt kung som tagen från sin tron.
Un uomo allungò la mano per afferrarlo, ma Buck colpì per primo.
En man sträckte sig för att gripa tag i honom, men Buck slog till först istället.
Affondò i denti nella mano dell'uomo e la strinse forte.
Han bet tänderna i mannens hand och höll hårt.
Non mi lasciò andare finché non svenne per la seconda volta.
Han släppte inte taget förrän han tappade sinnestillståndet en andra gång.
"Sì, ha degli attacchi", borbottò l'uomo al facchino.
"Japp, får kramper", muttrade mannen till bagagevakten.
Il facchino aveva sentito la colluttazione e si era avvicinato.
Bagagebäraren hade hört bråket och kom närmare.
"Lo porto a Frisco per conto del capo", spiegò l'uomo.
"Jag tar honom till 'Frisco för chefens skull", förklarade mannen.
"C'è un bravo dottore per cani che dice di poterli curare."
"Det finns en duktig hundläkare där som säger att han kan bota dem."
Più tardi quella notte l'uomo raccontò la sua versione completa.
Senare samma kväll gav mannen sin egen fullständiga redogörelse.
Parlava da un capannone dietro un saloon sul molo.
Han talade från ett skjul bakom en saloon vid kajen.
"Mi hanno dato solo cinquanta dollari", si lamentò con il gestore del saloon.
"Allt jag fick var femtio dollar", klagade han till saloonmannen.

"Non lo rifarei, nemmeno per mille dollari in contanti."

"Jag skulle inte göra det igen, inte ens för tusen i kontanter."

La sua mano destra era strettamente avvolta in un panno insanguinato.

Hans högra hand var hårt inlindad i en blodig duk.

La gamba dei suoi pantaloni era completamente strappata dal ginocchio al piede.

Hans byxben var vidöppet från knä till fot.

"Quanto è stato pagato l'altro tizio?" chiese il gestore del saloon.

"Hur mycket fick den andra muggen betalt?" frågade saloonkarlen.

«Cento», rispose l'uomo, «non ne accetterebbe uno in meno».

"Hundra", svarade mannen, "han skulle inte ta ett öre mindre."

"Questo fa centocinquanta", disse il gestore del saloon.

"Det blir hundrafemtio", sa saloonkarlen.

"E lui li merita tutti, altrimenti non sono meglio di uno stupido."

"Och han är värd allt, annars är jag inte bättre än en tråkig person."

L'uomo aprì gli involucri per esaminarsi la mano.

Mannen öppnade omslaget för att undersöka sin hand.

La mano era gravemente graffiata e ricoperta di croste di sangue secco.

Handen var illa sönderriven och täckt av torkat blod.

"Se non mi viene l'idrofobia..." cominciò a dire.

"Om jag inte får vattenfobi…" började han säga.

"Sarà perché sei nato per impiccarti", giunse una risata.

"Det är för att du är född för att hänga", kom ett skratt.

"Aiutami prima di partire", gli chiesero.

"Kom och hjälp mig innan du går", blev han ombedd.

Buck era stordito dal dolore alla lingua e alla gola.

Buck var omtöcknad av smärtan i tungan och halsen.

Era mezzo strangolato e riusciva a malapena a stare in piedi.

Han var halvt strypt och kunde knappt stå upprätt.

Ciononostante, Buck cercò di affrontare gli uomini che lo avevano ferito così duramente.

Ändå försökte Buck konfrontera männen som hade sårat honom så.

Ma lo gettarono a terra e lo strangolarono ancora una volta.

Men de kastade ner honom och strypte honom återigen.

Solo allora riuscirono a segargli il pesante collare di ottone.

Först då kunde de såga av hans tunga mässingskrage.

Tolsero la corda e lo spinsero in una cassa.

De tog bort repet och knuffade ner honom i en låda.

La cassa era piccola e aveva la forma di una gabbia di ferro grezza.

Lådan var liten och formad som en grov järnbur.

Buck rimase lì per tutta la notte, pieno di rabbia e di orgoglio ferito.

Buck låg där hela natten, fylld av vrede och sårad stolthet.

Non riusciva nemmeno a capire cosa gli stesse succedendo.

Han kunde inte börja förstå vad som hände med honom.

Perché quegli strani uomini lo tenevano in quella piccola cassa?

Varför höll dessa konstiga män honom i den här lilla lådan?

Cosa volevano da lui e perché questa crudele prigionia?

Vad ville de med honom, och varför denna grymma fångenskap?

Sentì una pressione oscura e la sensazione che il disastro si avvicinasse.

Han kände ett mörkt tryck; en känsla av att katastrofen närmade sig.

Era una paura vaga, ma si impadronì pesantemente del suo spirito.

Det var en vag rädsla, men den satte sig tungt i hans själ.

Diverse volte sobbalzò quando la porta del capanno sbatteva.

Flera gånger hoppade han upp när skjuldörren skallrade.

Si aspettava che il giudice o i ragazzi apparissero e lo salvassero.

Han förväntade sig att domaren eller pojkarna skulle dyka upp och rädda honom.
Ma ogni volta solo la faccia grassa del gestore del saloon faceva capolino all'interno.
Men bara saloonvärdens feta ansikte kikade in varje gång.
Il volto dell'uomo era illuminato dalla debole luce di una candela di sego.
Mannens ansikte upplystes av det svaga skenet från ett talgljus.
Ogni volta, il latrato gioioso di Buck si trasformava in un ringhio basso e arrabbiato.
Varje gång förändrades Bucks glada skall till ett lågt, ilsket morrande.

Il gestore del saloon lo ha lasciato solo per la notte nella cassa
Saloonvärden lämnade honom ensam i buren över natten
Ma quando si svegliò la mattina seguente, altri uomini stavano arrivando.
Men när han vaknade på morgonen kom fler män.
Arrivarono quattro uomini e, con cautela, sollevarono la cassa senza dire una parola.
Fyra män kom och plockade försiktigt upp lådan utan ett ord.
Buck capì subito in quale situazione si trovava.
Buck förstod genast vilken situation han befann sig i.
Erano ulteriori tormentatori che doveva combattere e temere.
De var ytterligare plågoandar som han var tvungen att bekämpa och frukta.
Questi uomini apparivano malvagi, trasandati e molto mal curati.
Dessa män såg onda, slitna och mycket illa preparerade ut.
Buck ringhiò e si lanciò contro di loro con furia attraverso le sbarre.
Buck morrade och kastade sig våldsamt mot dem genom gallren.
Si limitarono a ridere e a colpirlo con lunghi bastoni di legno.

De bara skrattade och stack efter honom med långa träkäppar.

Buck morse i bastoncini, poi capì che era quello che gli piaceva.

Buck bet i pinnarna, men insåg sedan att det var vad de gillade.

Così si sdraiò in silenzio, imbronciato e acceso da una rabbia silenziosa.

Så lade han sig ner tyst, mutt och brinnande av stilla raseri.

Caricarono la cassa su un carro e se ne andarono con lui.

De lyfte upp lådan i en vagn och körde iväg med honom.

La cassa, con Buck chiuso dentro, cambiò spesso proprietario.

Lådan, med Buck inlåst inuti, bytte ofta ägare.

Gli impiegati dell'ufficio espresso presero in mano la situazione e si occuparono di lui per un breve periodo.

Expresskontorets tjänstemän tog över och hanterade honom kort.

Poi un altro carro trasportò Buck attraverso la rumorosa città.

Sedan bar en annan vagn Buck tvärs över den bullriga staden.

Un camion lo portò con sé scatole e pacchi su un traghetto.

En lastbil tog honom med lådor och paket till en färja.

Dopo l'attraversamento, il camion lo scaricò presso un deposito ferroviario.

Efter att ha korsat lossade lastbilen honom vid en järnvägsdepå.

Alla fine Buck venne fatto salire a bordo di un vagone espresso in attesa.

Till slut placerades Buck i en väntande expressvagn.

Per due giorni e due notti i treni trascinarono via il vagone espresso.

I två dagar och nätter drog tågen bort expressvagnen.

Buck non mangiò né bevve durante tutto il doloroso viaggio.

Buck varken åt eller drack under hela den smärtsamma resan.

Quando i messaggeri cercarono di avvicinarlo, lui ringhiò.

När expressbuden försökte närma sig honom morrade han.

Risposero prendendolo in giro e prendendolo in giro crudelmente.

De svarade med att håna honom och reta honom grymt.
Buck si gettò contro le sbarre, schiumando e tremando
Buck kastade sig mot gallren, skummande och skakande
risero sonoramente e lo presero in giro come i bulli della
scuola.
De skrattade högt och hånade honom som skolgårdsmobbare.
Abbaiavano come cani finti e agitavano le braccia.
De skällde som låtsashundar och flaxade med armarna.
Arrivarono persino a cantare come galli, solo per farlo
arrabbiare ancora di più.
De gol till och med som tuppar bara för att göra honom ännu
mer upprörd.
Era un comportamento sciocco e Buck sapeva che era
ridicolo.
Det var dumt beteende, och Buck visste att det var löjligt.
Ma questo non fece altro che accrescere il suo senso di
indignazione e vergogna.
Men det fördjupade bara hans känsla av upprördhet och
skam.
Durante il viaggio la fame non lo disturbò molto.
Han var inte särskilt hungerbesvärad under resan.
Ma la sete portava con sé dolori acuti e sofferenze
insopportabili.
Men törsten medförde skarp smärta och outhärdligt lidande.
La sua gola secca e infiammata e la lingua bruciavano per il
calore.
Hans torra, inflammerade hals och tunga brände av hetta.
Questo dolore alimentava la febbre che cresceva nel suo
corpo orgoglioso.
Denna smärta gav näring åt febern som steg i hans stolta
kropp.
Durante questa prova Buck fu grato per una sola cosa.
Buck var tacksam för en enda sak under den här rättegången.
Gli avevano tolto la corda dal grosso collo.
Repet hade tagits bort runt hans tjocka hals.
La corda aveva dato a quegli uomini un vantaggio ingiusto e
crudele.

Repet hade gett dessa män en orättvis och grym fördel.

Ora la corda non c'era più e Buck giurò che non sarebbe mai più tornata.

Nu var repet borta, och Buck svor att det aldrig skulle återvända.

Decise che nessuna corda gli sarebbe mai più passata intorno al collo.

Han bestämde sig för att inget rep någonsin skulle gå runt hans hals igen.

Per due lunghi giorni e due lunghe notti soffrì senza cibo.

I två långa dagar och nätter led han utan mat.

E in quelle ore, accumulò dentro di sé una rabbia enorme.

Och under de timmarna byggde han upp en enorm ilska inom sig.

I suoi occhi diventarono iniettati di sangue e selvaggi per la rabbia costante.

Hans ögon blev blodsprängda och vilda av ständig ilska.

Non era più Buck, ma un demone con le fauci che schioccavano.

Han var inte längre Buck, utan en demon med smällande käkar.

Nemmeno il Giudice avrebbe potuto riconoscere questa folle creatura.

Inte ens domaren skulle ha känt igen denna galna varelse.

I messaggeri espressi tirarono un sospiro di sollievo quando giunsero a Seattle

Expressbuden suckade av lättnad när de nådde Seattle

Quattro uomini sollevarono la cassa e la portarono in un cortile sul retro.

Fyra män lyfte lådan och bar den till en bakgård.

Il cortile era piccolo, circondato da mura alte e solide.

Gården var liten, omgiven av höga och solida murar.

Un uomo corpulento uscì dalla stanza con una scollatura larga e una camicia rossa.

En stor man klev ut i en hängande röd tröja.

Firmò il registro delle consegne con una calligrafia spessa e decisa.

Han signerade leveransboken med tjock och djärv handstil.

Buck intuì subito che quell'uomo era il suo prossimo aguzzino.

Buck anade genast att den här mannen var hans nästa plågoande.

Si lanciò violentemente contro le sbarre, con gli occhi rossi di rabbia.

Han kastade sig våldsamt mot gallren, ögonen röda av ilska.

L'uomo si limitò a sorridere amaramente e andò a prendere un'ascia.

Mannen log bara dystert och gick för att hämta en yxa.

Teneva anche una mazza nella sua grossa e forte mano destra.

Han hade också med sig en klubba i sin tjocka och starka högra hand.

"Lo porterai fuori adesso?" chiese l'autista preoccupato.

"Ska du köra ut honom nu?" frågade föraren oroligt.

"Certo", disse l'uomo, infilando l'ascia nella cassa come se fosse una leva.

"Visst", sa mannen och tryckte in yxan i lådan som en hävstång.

I quattro uomini si dileguarono all'istante, saltando sul muro del cortile.

De fyra männen skingrades genast och hoppade upp på gårdsmuren.

Dai loro punti sicuri in alto, aspettavano di ammirare lo spettacolo.

Från sina trygga platser ovanför väntade de på att bevittna spektaklet.

Buck si lanciò contro il legno scheggiato, mordendolo e scuotendolo violentemente.

Buck kastade sig mot det splittrade träet, bet och skakade häftigt.

Ogni volta che l'ascia colpiva la gabbia, Buck era lì pronto ad attaccarla.

Varje gång yxan träffade buren) var Buck där för att attackera den.

Ringhiò e schioccò le dita in preda a una rabbia selvaggia, desideroso di essere liberato.

Han morrade och fräste av vild ilska, ivrig att bli fri.

L'uomo all'esterno era calmo e fermo, concentrato sul suo compito.

Mannen utanför var lugn och stadig, fokuserad på sin uppgift.

"Bene allora, diavolo dagli occhi rossi", disse quando il buco fu grande.

"Ja då, din rödögda djävul", sa han när hålet var stort.

Lasciò cadere l'ascia e prese la mazza nella mano destra.

Han släppte yxan och tog klubban i sin högra hand.

Buck sembrava davvero un diavolo: aveva gli occhi iniettati di sangue e fiammeggianti.

Buck såg verkligen ut som en djävul; ögonen blodsprängda och flammande.

Il suo pelo si rizzò, la schiuma gli salì alla bocca e gli occhi brillarono.

Hans päls borstade, skum skummade vid munnen och ögonen glittrade.

Lui tese i muscoli e si lanciò dritto verso il maglione rosso.

Han spände musklerna och hoppade rakt på den röda tröjan.

Centoquaranta libbre di furia si riversarono sull'uomo calmo.

Ett hundrafyrtio pund raseri flög mot den lugne mannen.

Un attimo prima che le sue fauci si chiudessero, un colpo terribile lo colpì.

Precis innan hans käkar spändes igen drabbades han av ett fruktansvärt slag.

I suoi denti si schioccarono insieme solo sull'aria

Hans tänder knäppte ihop på ingenting annat än luft

una scossa di dolore gli risuonò nel corpo

en smärtstöt sköljde genom hans kropp

Si capovolse a mezz'aria e cadde sulla schiena e su un fianco.

Han voltade mitt i luften och föll ner på rygg och sida.

Non aveva mai sentito prima un colpo di mazza e non riusciva a sostenerlo.

Han hade aldrig förut känt ett klubbslag och kunde inte fatta
det.

**Con un ringhio acuto, in parte abbaio, in parte urlo, saltò di
nuovo.**

Med ett skrikande morrande, delvis skall, delvis skrik,
hoppade han upp igen.

Un altro colpo violento lo colpì e lo scaraventò a terra.

Ännu ett brutalt slag träffade honom och kastade honom till
marken.

Questa volta Buck capì: era la pesante clava dell'uomo.

Den här gången förstod Buck – det var mannens tunga klubba.

Ma la rabbia lo accecò e non pensò minimamente di ritirarsi.

Men raseriet förblindade honom, och han tänkte inte på
reträtt.

Dodici volte si lanciò e dodici volte cadde.

Tolv gånger kastade han sig, och tolv gånger föll han.

**La mazza di legno lo colpiva ogni volta con una forza
spietata e schiacciante.**

Träklubban krossade honom varje gång med hänsynslös,
krossande kraft.

**Dopo un colpo violento, si rialzò barcollando, stordito e
lento.**

Efter ett hårt slag stapplade han upp, omtöcknad och långsam.

**Il sangue gli colava dalla bocca, dal naso e perfino dalle
orecchie.**

Blod rann från hans mun, näsa och till och med öron.

**Il suo mantello, un tempo bellissimo, era imbrattato di
schiuma insanguinata.**

Hans en gång så vackra kappa var nedsmetad med blodigt
skum.

**Poi l'uomo si fece avanti e gli sferrò un violento colpo al
naso.**

Sedan klev mannen fram och slog honom rejält mot näsan.

**L'agonia fu più acuta di qualsiasi cosa Buck avesse mai
provato.**

Smärtan var skarpare än något Buck någonsin hade känt.

Con un ruggito più da bestia che da cane, balzò di nuovo all'attacco.

Med ett vrål, mer odjur än hund, sprang han återigen till attack.

Ma l'uomo gli afferrò la mascella inferiore e la torse all'indietro.

Men mannen grep tag i hans underkäke och vred den bakåt.

Buck si girò a testa in giù e cadde di nuovo violentemente al suolo.

Buck vände huvudstupa och föll hårt omkull igen.

Un'ultima volta, Buck si lanciò verso di lui, ormai a malapena in grado di reggersi in piedi.

En sista gång stormade Buck honom, nu knappt i stånd att stå upp.

L'uomo colpì con sapiente tempismo, sferrando il colpo finale.

Mannen slog till med skicklig tajming och utdelade det sista slaget.

Buck crollò a terra, privo di sensi e immobile.

Buck kollapsade i en hög, medvetslös och orörlig.

"Non è uno stupido ad addestrare i cani, ecco cosa dico io", urlò un uomo.

"Han är inte slöfock på att knäcka hundar, det är vad jag säger", skrek en man.

"Druther può spezzare la volontà di un segugio in qualsiasi giorno della settimana."

"Druther kan krossa en hunds vilja vilken dag som helst i veckan."

"E due volte di domenica!" aggiunse l'autista.

"Och två gånger på en söndag!" tillade föraren.

Salì sul carro e tirò le redini per partire.

Han klättrade in i vagnen och knäckte tyglarna för att ge sig av.

Buck riprese lentamente il controllo della sua coscienza

Buck återfick långsamt kontrollen över sitt medvetande

ma il suo corpo era ancora troppo debole e rotto per muoversi.

men hans kropp var fortfarande för svag och bruten för att
röra sig.

**Rimase lì dove era caduto, osservando l'uomo con il
maglione rosso.**

Han låg där han hade fallit och tittade på den rödtröjade
mannen.

**"Risponde al nome di Buck", disse l'uomo, leggendo ad alta
voce.**

"Han svarar på namnet Buck", sa mannen och läste högt.

Citò la nota inviata con la cassa di Buck e i dettagli.

Han citerade från meddelandet som skickades med Bucks låda
och detaljer.

**"Bene, Buck, ragazzo mio", continuò l'uomo con tono
amichevole,**

"Nåväl, Buck, min pojke", fortsatte mannen med vänlig ton,

**"Abbiamo avuto il nostro piccolo litigio, e ora tra noi è
finita."**

"Vi har haft vårt lilla gräl, och nu är det över mellan oss."

**"Tu hai imparato qual è il tuo posto, e io ho imparato qual è
il mio", ha aggiunto.**

"Du har lärt dig din plats, och jag har lärt mig min", tillade
han.

"Sii buono e tutto andrà bene e la vita sarà piacevole."

"Var snäll, så går allt bra, och livet blir behagligt."

"Ma se sei cattivo, ti spaccherò a morte, capito?"

"Men var du elak, så slår jag stoppningen ur dig, förstår du?"

**Mentre parlava, allungò la mano e accarezzò la testa
dolorante di Buck.**

Medan han talade sträckte han ut handen och klappade Bucks
ömma huvud.

**I capelli di Buck si rizzarono al tocco dell'uomo, ma lui non
oppose resistenza.**

Bucks hår reste sig vid mannens beröring, men han gjorde
inget motstånd.

L'uomo gli portò dell'acqua e Buck la bevve a grandi sorsi.

Mannen bar honom vatten, som Buck drack i stora klunkar.

Poi arrivò la carne cruda, che Buck divorò pezzo per pezzo.

Sedan kom rått kött, som Buck slukade bit för bit.

Sapeva di essere stato sconfitto, ma sapeva anche di non essere distrutto.

Han visste att han var slagen, men han visste också att han inte var knäckt.

Non aveva alcuna possibilità contro un uomo armato di manganello.

Han hade ingen chans mot en man beväpnad med en klubba.

Aveva imparato la verità e non dimenticò mai quella lezione.

Han hade lärt sig sanningen, och han glömde aldrig den läxan.

Quell'arma segnò l'inizio della legge nel nuovo mondo di Buck.

Det vapnet var början på lagen i Bucks nya värld.

Fu l'inizio di un ordine duro e primitivo che non poteva negare.

Det var början på en hård, primitiv ordning som han inte kunde förneka.

Accettò la verità: i suoi istinti selvaggi erano ormai risvegliati.

Han accepterade sanningen; hans vilda instinkter var nu vakna.

Il mondo era diventato più duro, ma Buck lo affrontò coraggiosamente.

Världen hade blivit hårdare, men Buck mötte den tappert.

Affrontò la vita con una nuova cautela, astuzia e una forza silenziosa.

Han mötte livet med ny försiktighet, slughet och stilla styrka.

Arrivarono altri cani, legati con corde o gabbie, come era successo a Buck.

Fler hundar anlände, bundna i rep eller burar precis som Buck hade varit.

Alcuni cani procedevano con calma, altri si infuriavano e combattevano come bestie feroci.

Några hundar kom lugnt, andra rasade och slogs som vilda djur.

Tutti loro furono sottoposti al dominio dell'uomo con il maglione rosso.

Alla av dem fördes under den rödtröjade mannens styre.

Ogni volta Buck osservava e vedeva svolgersi la stessa lezione.

Varje gång tittade Buck på och såg samma lärdom utvecklas.

L'uomo con la clava era la legge: un padrone a cui obbedire.

Mannen med klubban var lagen; en mästare att lyda.

Non era necessario che gli piacesse, ma che gli si obbedisse.

Han behövde inte bli omtyckt, men han var tvungen att bli åtlydd.

Buck non si è mai mostrato adulatore o scodinzolante come facevano i cani più deboli.

Buck fjäskade eller viftade aldrig som de svagare hundarna gjorde.

Vide dei cani che erano stati picchiati e che continuavano a leccare la mano dell'uomo.

Han såg hundar som var slagna och ändå slickade mannens hand.

Vide un cane che non obbediva né si sottometteva affatto.

Han såg en hund som varken lydde eller underkastade sig något alls.

Quel cane ha combattuto fino alla morte nella battaglia per il controllo.

Den hunden kämpade tills han dödades i kampen om kontrollen.

A volte degli sconosciuti venivano a trovare l'uomo con il maglione rosso.

Främlingar kom ibland för att se den rödtröjade mannen.

Parlavano con toni strani, supplicando, contrattando e ridendo.

De talade i underlig ton, vädjade, prutade och skrattade.

Dopo aver scambiato i soldi, se ne andavano con uno o più cani.

När pengar växlades gav de sig av med en eller flera hundar.

Buck si chiese dove andassero questi cani, perché nessuno faceva mai ritorno.

Buck undrade vart dessa hundar tog vägen, för ingen återvände någonsin.

la paura dell'ignoto riempiva Buck ogni volta che un uomo sconosciuto si avvicinava

Rädsla för det okända fyllde Buck varje gång en främmande man kom

era contento ogni volta che veniva preso un altro cane, al posto suo.

Han var glad varje gång en annan hund blev tagen, snarare än han själv.

Ma alla fine arrivò il turno di Buck con l'arrivo di uno strano uomo.

Men slutligen kom Bucks tur med ankomsten av en främmande man.

Era piccolo, nervoso e parlava un inglese stentato e imprecava.

Han var liten, senig och talade bruten engelska och svordomar.

"Sacredam!" urlò quando vide il corpo di Buck.

"Sacredam!" ropade han när han fick syn på Bucks kropp.

"Che cane maledetto e prepotente! Eh? Quanto costa?" chiese ad alta voce.

"Det där är en förbannad bushund! Va? Hur mycket?" frågade han högt.

"Trecento, ed è un regalo a quel prezzo",

"Trehundra, och han är en present för det priset,"

"Dato che sono soldi del governo, non dovresti lamentarti, Perrault."

"Eftersom det är statliga pengar borde du inte klaga, Perrault."

Perrault sorrise pensando all'accordo che aveva appena concluso con quell'uomo.

Perrault flinade åt den överenskommelse han just hade ingått med mannen.

Il prezzo dei cani è salito alle stelle a causa della domanda improvvisa.

Priset på hundar hade skjutit i höjden på grund av den plötsliga efterfrågan.

Trecento dollari non erano ingiusti per una bestia così bella.

Trehundra dollar var inte orättvist för ett så fint djur.
Il governo canadese non perderebbe nulla dall'accordo
Den kanadensiska regeringen skulle inte förlora något på
avtalet
**Né i loro comunicati ufficiali avrebbero subito ritardi nel
trasporto.**
Inte heller skulle deras officiella försändelser försenas under
transporten.
Perrault conosceva bene i cani e capì che Buck era una rarità.
Perrault kände hundar väl och kunde se att Buck var något
ovanligt.
**"Uno su dieci diecimila", pensò, mentre studiava la
corporatura di Buck.**
"En på tio tiotusen", tänkte han, medan han studerade Bucks
kroppsbyggnad.
**Buck vide il denaro cambiare di mano, ma non mostrò
alcuna sorpresa.**
Buck såg pengarna byta ägare, men visade ingen förvåning.
**Poco dopo lui e Curly, un gentile Terranova, furono portati
via.**
Snart fördes han och Lockig, en vänlig newfoundländsk hund,
bort.
**Seguirono l'omino dal cortile della casa con il maglione
rosso.**
De följde den lille mannen från den röda tröjans gård.
**Quella fu l'ultima volta che Buck vide l'uomo con la mazza
di legno.**
Det var det sista Buck någonsin såg av mannen med
träklubban.
Dal ponte del Narwhal guardò Seattle svanire in lontananza.
Från Narwhals däck såg han Seattle försvinna i fjärran.
Fu anche l'ultima volta che vide le calde terre del Sud.
Det var också sista gången han någonsin såg det varma
Söderlandet.
Perrault li portò sottocoperta e li lasciò con François.
Perrault tog dem ner under däck och lämnade dem hos
François.

François era un gigante con la faccia nera e le mani ruvide e callose.
François var en svartansiktad jätte med grova, förhårdnade händer.
Era un uomo dalla carnagione scura e dalla carnagione scura, un meticcio franco-canadese.
Han var mörk och blöt; en halvblod fransk-kanadensare.
Per Buck, quegli uomini erano come non li aveva mai visti prima.
För Buck var dessa män av ett slag han aldrig hade sett förut.
Nei giorni a venire avrebbe avuto modo di conoscere molti di questi uomini.
Han skulle lära känna många sådana män i de kommande dagarna.
Non cominciò ad affezionarsi a loro, ma finì per rispettarli.
Han blev inte förtjust i dem, men han lärde sig att respektera dem.
Erano giusti e saggi e non si lasciavano ingannare facilmente da nessun cane.
De var rättvisa och kloka, och inte lättlurade av någon hund.
Giudicavano i cani con calma e punivano solo quando meritavano.
De dömde hundar lugnt och straffade bara när de var förtjänta.
Sul ponte inferiore del Narwhal, Buck e Curly incontrarono due cani.
På Narwhals nedre däck mötte Buck och Lockig två hundar.
Uno era un grosso cane bianco proveniente dalle lontane e gelide isole Spitzbergen.
En var en stor vit hund från avlägsna, isiga Spetsbergen.
In passato aveva navigato su una baleniera e si era unito a un gruppo di ricerca.
Han hade en gång seglat med en valfångare och gått med i en undersökningsgrupp.
Era amichevole, ma astuto, subdolo e subdolo.
Han var vänlig på ett slugt, lömskt och slugt sätt.

Al loro primo pasto, rubò un pezzo di carne dalla padella di Buck.

Vid deras första måltid stal han en bit kött från Bucks panna.

Buck saltò per punirlo, ma la frusta di François colpì per prima.

Buck hoppade till för att straffa honom, men François piska träffade först.

Il ladro Bianco urlò e Buck reclamò l'osso rubato.

Den vita tjuven skrek till, och Buck återtog det stulna benet.

Questa correttezza colpì Buck e François si guadagnò il suo rispetto.

Den rättvisan imponerade på Buck, och François förtjänade hans respekt.

L'altro cane non lo salutò e non volle nessuno in cambio.

Den andra hunden gav ingen hälsning och ville inte ha någon tillbaka.

Non rubava il cibo, né annusava con interesse i nuovi arrivati.

Han stal inte mat, och han nosade inte intresserat på de nyanlända.

Questo cane era cupo e silenzioso, cupo e lento nei movimenti.

Den här hunden var dyster och tyst, dyster och långsam i rörelse.

Avvertì Curly di stargli lontano semplicemente lanciandole un'occhiata fulminante.

Han varnade Lockig att hålla sig borta genom att helt enkelt stirra på henne.

Il suo messaggio era chiaro: lasciatemi in pace o saranno guai.

Hans budskap var tydligt; lämna mig ifred annars blir det problem.

Si chiamava Dave e non faceva quasi caso a ciò che lo circondava.

Han kallades Dave, och han lade knappt märke till sin omgivning.

Dormiva spesso, mangiava tranquillamente e sbadigliava di tanto in tanto.
Han sov ofta, åt tyst och gäspade då och då.

La nave ronzava costantemente con il rumore dell'elica sottostante.
Fartyget surrade konstant med den dunkande propellern nedanför.

I giorni passarono senza grandi cambiamenti, ma il clima si fece più freddo.
Dagarna gick utan några förändringar, men vädret blev kallare.

Buck se lo sentiva nelle ossa e notò che anche gli altri lo sentivano.
Buck kunde känna det i sina ben, och märkte att de andra gjorde det också.

Poi una mattina l'elica si fermò e tutto rimase immobile.
Så en morgon stannade propellern och allt var stilla.

Un'energia percorse la nave: qualcosa era cambiato.
En energi svepte genom skeppet; något hade förändrats.

François scese, li mise al guinzaglio e li portò su.
François kom ner, satte fast dem i koppel och förde upp dem.

Buck uscì e trovò il terreno morbido, bianco e freddo.
Buck steg ut och fann marken mjuk, vit och kall.

Lui fece un balzo indietro allarmato e sbuffò in preda alla confusione più totale.
Han hoppade bakåt i panik och fnös i total förvirring.

Una strana sostanza bianca cadeva dal cielo grigio.
Konstiga vita saker föll från den grå himlen.

Si scosse, ma i fiocchi bianchi continuavano a cadergli addosso.
Han skakade på sig, men de vita flingorna fortsatte att landa på honom.

Annusò attentamente la sostanza bianca e ne leccò alcuni pezzetti ghiacciati.
Han sniffade försiktigt på det vita och slickade på några isiga bitar.

La polvere bruciò come il fuoco e poi svanì subito dalla sua lingua.
Pulvret brann som eld och försvann sedan rakt från hans tunga.

Buck ci riprovò, sconcertato dallo strano freddo che svaniva.
Buck försökte igen, förbryllad över den sällsamma, försvinnande kylan.

Gli uomini intorno a lui risero e Buck si sentì in imbarazzo.
Männen runt omkring honom skrattade, och Buck kände sig generad.

Non sapeva perché, ma si vergognava della sua reazione.
Han visste inte varför, men han skämdes över sin reaktion.

Era la sua prima esperienza con la neve e la cosa lo confuse.
Det var hans första erfarenhet av snö, och det förvirrade honom.

La legge del bastone e della zanna
Klubbens och huggtändernas lag

Il primo giorno di Buck sulla spiaggia di Dyea è stato un terribile incubo.
Bucks första dag på Dyea-stranden kändes som en fruktansvärd mardröm.

Ogni ora portava con sé nuovi shock e cambiamenti inaspettati per Buck.
Varje timme förde med sig nya chocker och oväntade förändringar för Buck.

Era stato strappato alla civiltà e gettato nel caos più totale.
Han hade ryckts ut ur civilisationen och kastats in i vilt kaos.

Questa non era una vita soleggiata e pigra, fatta di noia e riposo.
Detta var inget soligt, latat liv med tristess och vila.

Non c'era pace, né riposo, né momento senza pericolo.
Det fanns ingen fred, ingen vila och inget ögonblick utan fara.

La confusione regnava su tutto e il pericolo era sempre vicino.
Förvirring styrde allt, och faran var alltid nära.

Buck doveva stare attento perché quegli uomini e quei cani erano diversi.
Buck var tvungen att vara vaksam eftersom dessa män och hundar var olika.

Non provenivano da città; erano selvaggi e spietati.
De var inte från städer; de var vilda och utan barmhärtighet.

Questi uomini e questi cani conoscevano solo la legge del bastone e della zanna.
Dessa män och hundar kände bara till lagen om klubba och huggtänder.

Buck non aveva mai visto dei cani combattere come questi feroci husky.
Buck hade aldrig sett hundar slåss som dessa vilda huskydjur.

La sua prima esperienza gli insegnò una lezione che non avrebbe mai dimenticato.

Hans första erfarenhet lärde honom en läxa han aldrig skulle glömma.

Fu una fortuna che non fosse lui, altrimenti sarebbe morto anche lui.

Han hade tur att det inte var han, annars hade han också dött.

Curly era quello che soffriva, mentre Buck osservava e imparava.

Det var Lockig som led medan Buck tittade på och lärde sig.

Si erano accampati vicino a un deposito costruito con tronchi.

De hade slagit läger nära ett lager byggt av timmer.

Curly cercò di essere amichevole con un grosso husky simile a un lupo.

Lockig försökte vara vänlig mot en stor, vargliknande husky.

L'husky era più piccolo di Curly, ma aveva un aspetto selvaggio e cattivo.

Huskyn var mindre än Lockig, men såg vild och elak ut.

Senza preavviso, lui saltò su e le tagliò il viso.

Utan förvarning hoppade han till och skar upp hennes ansikte.

Con un solo movimento i suoi denti le tagliarono l'occhio fino alla mascella.

Hans tänder skar från hennes öga ner till hennes käke i ett enda drag.

Ecco come combattevano i lupi: colpivano velocemente e saltavano via.

Så här slogs vargar – de slog snabbt och hoppade iväg.

Ma c'era molto di più da imparare da quell'unico attacco.

Men det fanns mer att lära sig än av den enda attacken.

Decine di husky si precipitarono dentro e formarono un cerchio silenzioso.

Dussintals huskyar rusade in och bildade en tyst cirkel.

Osservavano attentamente e si leccavano le labbra per la fame.

De tittade noga och slickade sig om läpparna av hunger.

Buck non capiva il loro silenzio né i loro occhi ansiosi.

Buck förstod inte deras tystnad eller deras ivriga blickar.

Curly si lanciò ad attaccare l'husky una seconda volta.

Lockig rusade för att attackera huskyn en andra gång.

Usò il suo petto per buttarla a terra con un movimento violento.

Han använde bröstet för att välta henne med en kraftfull rörelse.

Cadde su un fianco e non riuscì più a rialzarsi.

Hon föll på sidan och kunde inte resa sig upp igen.

Era proprio quello che gli altri aspettavano da tempo.

Det var det som de andra hade väntat på hela tiden.

Gli husky le saltarono addosso, guaindo e ringhiando freneticamente.

Huskiesna hoppade på henne, skrikande och morrande i ett vansinnigt tempo.

Lei urlò mentre la seppellivano sotto una pila di cani.

Hon skrek när de begravde henne under en hög med hundar.

L'attacco fu così rapido che Buck rimase immobile per lo shock.

Attacken var så snabb att Buck frös till av chock.

Vide Spitz tirare fuori la lingua in un modo che sembrava una risata.

Han såg Spitz sträcka ut tungan på ett sätt som såg ut som ett skratt.

François afferrò un'ascia e corse dritto verso il gruppo di cani.

François grep en yxa och sprang rakt in i hundflocket.

Altri tre uomini hanno usato dei manganelli per allontanare gli husky.

Tre andra män använde klubbor för att hjälpa till att jaga bort huskiesna.

In soli due minuti la lotta finì e i cani se ne andarono.

På bara två minuter var slagsmålet över och hundarna var borta.

Curly giaceva morta nella neve rossa calpestata, con il corpo fatto a pezzi.

Lockig låg död i den röda, nedtrampade snön, hennes kropp sönderriven.

Un uomo dalla pelle scura era in piedi davanti a lei, maledicendo la scena brutale.

En mörkhyad man stod över henne och förbannade den brutala scenen.

Il ricordo rimase con Buck e ossessionò i suoi sogni notturni.

Minnet stannade kvar hos Buck och hemsökte hans drömmar om nätterna.

Ecco come funzionava: niente equità, niente seconda possibilità.

Det var så här; ingen rättvisa, ingen andra chans.

Una volta caduto un cane, gli altri lo uccidevano senza pietà.

När en hund föll, dödade de andra utan nåd.

Buck decise allora che non si sarebbe mai lasciato cadere.

Buck bestämde sig då för att han aldrig skulle låta sig själv falla.

Spitz tirò fuori di nuovo la lingua e rise guardando il sangue.

Spitz sträckte ut tungan igen och skrattade åt blodet.

Da quel momento in poi, Buck odiò Spitz con tutto il cuore.

Från det ögonblicket hatade Buck Spitz av hela sitt hjärta.

Prima che Buck potesse riprendersi dalla morte di Curly, accadde qualcosa di nuovo.

Innan Buck hann återhämta sig från Lockigs död hände något nytt.

François si avvicinò e legò qualcosa attorno al corpo di Buck.

François kom fram och spände fast något runt Bucks kropp.

Era un'imbracatura simile a quelle usate per i cavalli al ranch.

Det var en sele lik den som används på hästar på ranchen.

Così come Buck aveva visto lavorare i cavalli, ora era costretto a lavorare anche lui.

Precis som Buck hade sett hästar arbeta, var han nu tvungen att också arbeta.

Dovette trascinare François su una slitta nella foresta vicina.

Han var tvungen att dra François på en släde in i skogen i närheten.

Poi dovette trascinare indietro un pesante carico di legna da ardere.

Sedan var han tvungen att dra tillbaka ett lass tungt ved.

Buck era orgoglioso e gli faceva male essere trattato come un animale da lavoro.

Buck var stolt, så det gjorde ont att bli behandlad som ett arbetsdjur.

Ma era saggio e non cercò di combattere la nuova situazione.

Men han var klok och försökte inte kämpa mot den nya situationen.

Accettò la sua nuova vita e diede il massimo in ogni compito.

Han accepterade sitt nya liv och gav sitt bästa i varje uppgift.

Tutto di quel lavoro gli risultava strano e sconosciuto.

Allt med arbetet var främmande och okänt för honom.

François era severo e pretendeva obbedienza senza indugio.

François var sträng och krävde lydnad utan dröjsmål.

La sua frusta garantiva che ogni comando venisse eseguito immediatamente.

Hans piska såg till att varje kommando följdes genast.

Dave era il timoniere, il cane più vicino alla slitta dietro Buck.

Dave var rullande hund, hunden närmast släden bakom Buck.

Se commetteva un errore, Dave mordeva Buck sulle zampe posteriori.

Dave bet Buck i bakbenen om han gjorde ett misstag.

Spitz era il cane guida, abile ed esperto nel ruolo.

Spitz var ledarhunden, skicklig och erfaren i rollen.

Spitz non riusciva a raggiungere Buck facilmente, ma lo corresse comunque.

Spitz kunde inte lätt nå Buck, men rättade honom ändå.

Ringhiava aspramente o tirava la slitta in modi che insegnavano a Buck.

Han morrade hårt eller drog släden på sätt som lärde Buck.

Grazie a questo addestramento, Buck imparò più velocemente di quanto tutti si aspettassero.

Under den här träningen lärde sig Buck snabbare än någon av dem förväntade sig.

Lavorò duramente e imparò sia da François che dagli altri cani.

Han arbetade hårt och lärde sig av både François och de andra hundarna.

Quando tornarono, Buck conosceva già i comandi chiave.

När de återvände kunde Buck redan nyckelkommandona.

Imparò a fermarsi al suono della parola "oh" di François.

Han lärde sig att stanna vid ljudet av "ho" från François.

Imparò quando era il momento di tirare la slitta e correre.

Han lärde sig när han var tvungen att dra släden och springa.

Imparò a svoltare senza problemi nelle curve del sentiero.

Han lärde sig att svänga brett i kurvor på leden utan problem.

Imparò anche a evitare Dave quando la slitta scendeva velocemente.

Han lärde sig också att undvika Dave när släden åkte nerför snabbt.

"Sono cani molto buoni", disse orgoglioso François a Perrault.

"De är väldigt duktiga hundar", sa François stolt till Perrault.

"Quel Buck tira come un dannato, glielo insegno subito."

"Den där Bucken drar som bara den – jag lär honom hur snabbt som helst."

Più tardi quel giorno, Perrault tornò con altri due husky.

Senare samma dag kom Perrault tillbaka med ytterligare två huskyhundar.

Si chiamavano Billee e Joe ed erano fratelli.

De hette Billee och Joe, och de var bröder.

Provenivano dalla stessa madre, ma non erano affatto simili.

De kom från samma mor, men var inte alls lika.

Billee era un tipo dolce e molto amichevole con tutti.

Billee var godhjärtad och alltför vänlig mot alla.

Joe era l'opposto: silenzioso, arrabbiato e sempre ringhiante.

Joe var motsatsen – tyst, arg och alltid morrande.

Buck li salutò amichevolmente e si mantenne calmo con entrambi.

Buck hälsade dem vänligt och förhöll sig lugn mot båda.

Dave non prestò loro attenzione e rimase in silenzio come al solito.

Dave brydde sig inte om dem och förblev tyst som vanligt.

Spitz attaccò prima Billee, poi Joe, per dimostrare la sua superiorità.

Spitz attackerade först Billee, sedan Joe, för att visa sin dominans.

Billee scodinzolava e cercava di essere amichevole con Spitz.

Billee viftade på svansen och försökte vara vänlig mot Spitz.

Quando questo non funzionò, cercò di scappare.

När det inte fungerade försökte han springa iväg istället.

Pianse tristemente quando Spitz lo morse forte sul fianco.

Han grät sorgset när Spitz bet honom hårt i sidan.

Ma Joe era molto diverso e si rifiutava di farsi prendere in giro.

Men Joe var väldigt annorlunda och vägrade att bli mobbad.

Ogni volta che Spitz si avvicinava, Joe si girava velocemente per affrontarlo.

Varje gång Spitz kom nära, vände Joe sig snabbt om för att möta honom.

La sua pelliccia si drizzò, le sue labbra si arricciarono e i suoi denti schioccarono selvaggiamente.

Hans päls borstade, hans läppar krullade sig och hans tänder knäppte vilt.

Gli occhi di Joe brillavano di paura e rabbia, sfidando Spitz a colpire.

Joes ögon glänste av rädsla och raseri och utmanade Spitz att slå till.

Spitz abbandonò la lotta e si voltò, umiliato e arrabbiato.

Spitz gav upp kampen och vände sig bort, förödmjukad och arg.

Sfogò la sua frustrazione sul povero Billee e lo cacciò via.

Han släppte ut sin frustration på stackars Billee och jagade bort honom.

Quella sera Perrault aggiunse un altro cane alla squadra.
Den kvällen lade Perrault till ytterligare en hund i teamet.
Questo cane era vecchio, magro e coperto di cicatrici di battaglia.
Den här hunden var gammal, mager och täckt av stridsärr.
Gli mancava un occhio, ma l'altro brillava di potere.
Ett av hans öga saknades, men det andra blixtrade av kraft.
Il nome del nuovo cane era Solleks, che significa "l'Arrabbiato".
Den nya hundens namn var Solleks, vilket betydde Den Arga.
Come Dave, Solleks non chiedeva nulla agli altri e non dava nulla in cambio.
Liksom Dave begärde Solleks ingenting av andra och gav ingenting tillbaka.
Quando Solleks entrò lentamente nell'accampamento, persino Spitz rimase lontano.
När Solleks långsamt gick in i lägret höll sig till och med Spitz borta.
Aveva una strana abitudine che Buck ebbe la sfortuna di scoprire.
Han hade en konstig vana som Buck hade otur att upptäcka.
Solleks detestava essere avvicinato dal lato in cui era cieco.
Solleks hatade att bli närmad från den sida där han var blind.
Buck non lo sapeva e commise quell'errore per sbaglio.
Buck visste inte detta och gjorde det misstaget av misstag.
Solleks si voltò di scatto e colpì la spalla di Buck in modo profondo e rapido.
Solleks snurrade om och högg Buck djupt och snabbt i axeln.
Da quel momento in poi, Buck non si avvicinò mai più al lato cieco di Solleks.
Från det ögonblicket kom Buck aldrig i närheten av Solleks blinda sida.
Non ebbero mai più problemi per il resto del tempo che trascorsero insieme.
De hade aldrig problem igen under resten av sin tid tillsammans.

Solleks voleva solo essere lasciato solo, come il tranquillo Dave.

Solleks ville bara bli lämnad ifred, precis som den tystlåtne Dave.

Ma Buck avrebbe scoperto in seguito che ognuno di loro aveva un altro obiettivo segreto.

Men Buck skulle senare få veta att de var och en hade ett annat hemligt mål.

Quella notte Buck si trovò ad affrontare una nuova e preoccupante sfida: come dormire.

Den natten stod Buck inför en ny och besvärande utmaning – hur man skulle sova.

La tenda era illuminata caldamente dalla luce delle candele nel campo innevato.

Tältet glödde varmt av levande ljus i det snötäckta fältet.

Buck entrò, pensando che lì avrebbe potuto riposare come prima.

Buck gick in och tänkte att han kunde vila där som förut.

Ma Perrault e François gli urlarono contro e gli tirarono delle padelle.

Men Perrault och François skrek åt honom och kastade kastpannor.

Sconvolto e confuso, Buck corse fuori nel freddo gelido.

Chockad och förvirrad sprang Buck ut i den isande kylan.

Un vento gelido gli pungeva la spalla ferita e gli congelava le zampe.

En bitter vind sved i hans sårade axel och frös till i hans tassar.

Si sdraiò sulla neve e cercò di dormire all'aperto.

Han lade sig ner i snön och försökte sova ute i det fria.

Ma il freddo lo costrinse presto a rialzarsi, tremando forte.

Men kylan tvingade honom snart att resa sig upp igen, darrandes rejält.

Vagò per l'accampamento, cercando di trovare un posto più caldo.

Han vandrade genom lägret och försökte hitta en varmare plats.

Ma ogni angolo era freddo come quello precedente.

Men varje hörn var lika kallt som det föregående.

A volte dei cani feroci gli saltavano addosso dall'oscurità.

Ibland hoppade vilda hundar på honom från mörkret.

Buck drizzò il pelo, scoprì i denti e ringhiò in tono ammonitore.

Buck strök med pälsen, blottade tänderna och morrade varnande.

Lui stava imparando in fretta e gli altri cani si sono subito tirati indietro.

Han lärde sig snabbt, och de andra hundarna backade snabbt.

Tuttavia, non aveva un posto dove dormire e non aveva idea di cosa fare.

Ändå hade han ingenstans att sova, och ingen aning om vad han skulle göra.

Alla fine gli venne in mente un pensiero: andare a dare un'occhiata ai suoi compagni di squadra.

Till slut slog honom en tanke – kolla läget med sina lagkamrater.

Ritornò nella loro zona e rimase sorpreso nel constatare che non c'erano più.

Han återvände till deras område och blev förvånad över att de var borta.

Cercò di nuovo nell'accampamento, ma ancora non riuscì a trovarli.

Återigen sökte han igenom lägret, men kunde fortfarande inte hitta dem.

Sapeva che loro non potevano stare nella tenda, altrimenti ci sarebbe stato anche lui.

Han visste att de inte fick vara i tältet, annars skulle han också vara det.

E allora, dove erano finiti tutti i cani in quell'accampamento ghiacciato?

Så vart hade alla hundar tagit vägen i det här frusna lägret?

Buck, infreddolito e infelice, girò lentamente intorno alla tenda.

Buck, kall och olycklig, cirkulerade långsamt runt tältet.

All'improvviso, le sue zampe anteriori sprofondarono nella neve soffice e lo spaventarono.

Plötsligt sjönk hans framben ner i den mjuka snön och skrämde honom.

Qualcosa si mosse sotto i suoi piedi e lui fece un salto indietro per la paura.

Något slingrade sig under hans fötter, och han hoppade bakåt i rädsla.

Ringhiava e ringhiava, non sapendo cosa si nascondesse sotto la neve.

Han morrade och morrade, ovetande om vad som låg under snön.

Poi udì un piccolo abbaio amichevole che placò la sua paura.

Sedan hörde han ett vänligt litet skall som lindrade hans rädsla.

Annusò l'aria e si avvicinò per vedere cosa fosse nascosto.

Han luktade i luften och kom närmare för att se vad som gömde sig.

Sotto la neve, rannicchiata in una calda palla, c'era la piccola Billee.

Under snön, hopkrupen till en varm boll, låg lilla Billee.

Billee scodinzolò e leccò il muso di Buck per salutarlo.

Billee viftade på svansen och slickade Bucks ansikte för att hälsa honom.

Buck vide come Billee si era costruito un posto per dormire nella neve.

Buck såg hur Billee hade gjort en sovplats i snön.

Aveva scavato e sfruttato il suo calore per scaldarsi.

Han hade grävt ner sig och använt sin egen värme för att hålla sig varm.

Buck aveva imparato un'altra lezione: ecco come dormivano i cani.

Buck hade lärt sig en annan läxa – det var så här hundarna sov.

Scelse un posto e cominciò a scavare la sua buca nella neve.

Han valde en plats och började gräva sitt eget hål i snön.

All'inizio si muoveva troppo e sprecava energie.

Till en början rörde han sig för mycket och slösade energi.
Ma ben presto il suo corpo riscaldò lo spazio e si sentì al sicuro.
Men snart värmde hans kropp upp utrymmet, och han kände sig trygg.
Si rannicchiò forte e poco dopo si addormentò profondamente.
Han kröp ihop sig hårt, och det dröjde inte länge förrän han sov djupt.
La giornata era stata lunga e dura e Buck era esausto.
Dagen hade varit lång och svår, och Buck var utmattad.
Dormì profondamente e comodamente, anche se fece sogni selvaggi.
Han sov djupt och bekvämt, fastän hans drömmar var vilda.
Ringhiava e abbaiava nel sonno, contorcendosi mentre sognava.
Han morrade och skällde i sömnen och vred sig medan han drömde.

Buck non si svegliò finché l'accampamento non cominciò a prendere vita.
Buck vaknade inte förrän lägret redan vaknade till liv.
All'inizio non sapeva dove si trovasse o cosa fosse successo.
Till en början visste han inte var han var eller vad som hade hänt.
La neve era caduta durante la notte e aveva seppellito completamente il suo corpo.
Snö hade fallit över natten och begravt hans kropp helt.
La neve lo circondava, fitta su tutti i lati.
Snön tryckte sig tätt runt honom från alla sidor.
All'improvviso un'ondata di paura percorse tutto il corpo di Buck.
Plötsligt rusade en våg av rädsla genom hela Bucks kropp.
Era la paura di rimanere intrappolati, una paura che proveniva da istinti profondi.
Det var rädslan för att bli fångad, en rädsla från djupa instinkter.

Sebbene non avesse mai visto una trappola, la paura era viva dentro di lui.

Även om han aldrig hade sett en fälla, levde rädslan inom honom.

Era un cane addomesticato, ma ora i suoi vecchi istinti selvaggi si stavano risvegliando.

Han var en tam hund, men nu vaknade hans gamla vilda instinkter.

I muscoli di Buck si irrigidirono e il pelo gli si rizzò su tutta la schiena.

Bucks muskler spändes, och hans päls reste sig över hela ryggen.

Ringhiò furiosamente e balzò in piedi nella neve.

Han morrade ilsket och hoppade rakt upp genom snön.

La neve volava in ogni direzione mentre lui irrompeva nella luce del giorno.

Snön flög åt alla håll när han bröt ut i dagsljuset.

Ancora prima di atterrare, Buck vide l'accampamento disteso davanti a lui.

Redan innan landstigningen såg Buck lägret utbrett framför sig.

Ricordò tutto del giorno prima, tutto in una volta.

Han kom ihåg allt från dagen innan, på en gång.

Ricordava di aver passeggiato con Manuel e di essere finito in quel posto.

Han mindes att han promenerade med Manuel och hamnade på den här platsen.

Ricordava di aver scavato la buca e di essersi addormentato al freddo.

Han mindes att han grävde hålet och somnade i kylan.

Ora era sveglio e il mondo selvaggio intorno a lui era limpido.

Nu var han vaken, och den vilda världen omkring honom var klar.

Un grido di François annunciò l'improvvisa apparizione di Buck.

Ett rop från François hyllade Bucks plötsliga ankomst.

"Cosa ho detto?" gridò a gran voce il conducente del cane a Perrault.

"Vad sa jag?" ropade hundföraren högt till Perrault.

"Quel Buck impara sicuramente in fretta", ha aggiunto François.

"Den där Buck lär sig verkligen hur snabbt som helst", tillade François.

Perrault annuì gravemente, visibilmente soddisfatto del risultato.

Perrault nickade allvarligt, tydligt nöjd med resultatet.

In qualità di corriere del governo canadese, trasportava dispacci.

Som kurir för den kanadensiska regeringen bar han depescher.

Era ansioso di trovare i cani migliori per la sua importante missione.

Han var ivrig att hitta de bästa hundarna för sitt viktiga uppdrag.

Ora si sentiva particolarmente contento che Buck facesse parte della squadra.

Han kände sig särskilt glad nu när Buck var en del av laget.

Nel giro di un'ora, alla squadra furono aggiunti altri tre husky.

Tre ytterligare huskies lades till i laget inom en timme.

Ciò ha portato il numero totale dei cani della squadra a nove.

Det innebar att det totala antalet hundar i laget uppgick till nio.

Nel giro di quindici minuti tutti i cani erano imbracati.

Inom femton minuter var alla hundar i sina selar.

La squadra di slitte stava risalendo il sentiero verso Dyea Cañon.

Kälkspannet svängde uppför stigen mot Dyea Cañon.

Buck era contento di andarsene, anche se il lavoro che lo attendeva era duro.

Buck kände sig glad över att få åka, även om arbetet framför honom var hårt.

Scoprì di non disprezzare particolarmente né il lavoro né il freddo.

Han fann att han inte särskilt föraktade arbetet eller kylan.

Fu sorpreso dall'entusiasmo che pervadeva tutta la squadra.

Han blev förvånad över den iver som fyllde hela laget.

Ancora più sorprendente fu il cambiamento avvenuto in Dave e Solleks.

Ännu mer förvånande var den förändring som hade skett över Dave och Solleks.

Questi due cani erano completamente diversi quando venivano imbrigliati.

Dessa två hundar var helt olika när de var selade.

La loro passività e la loro disattenzione erano completamente scomparse.

Deras passivitet och brist på omsorg hade helt försvunnit.

Erano attenti e attivi, desiderosi di svolgere bene il loro lavoro.

De var alerta och aktiva, och ivriga att göra sitt arbete väl.

Si irritavano ferocemente per qualsiasi cosa provocasse ritardi o confusione.

De blev våldsamt irriterade över allt som orsakade förseningar eller förvirring.

Il duro lavoro sulle redini era il centro del loro intero essere.

Det hårda arbetet med tyglarna var centrum för hela deras väsen.

Sembrava che l'unica cosa che gli piacesse davvero fosse tirare la slitta.

Att dra släde verkade vara det enda de verkligen tyckte om.

Dave era in fondo al gruppo, il più vicino alla slitta.

Dave var längst bak i gruppen, närmast själva släden.

Buck fu messo davanti a Dave e Solleks superò Buck.

Buck placerades framför Dave, och Solleks drog före Buck.

Il resto dei cani era disposto in fila indiana davanti a loro.

Resten av hundarna låg utsträckta framför dem i en enda rad.

La posizione di testa in prima linea era occupata da Spitz.

Ledarpositionen längst fram fylldes av Spitz.

Buck era stato messo tra Dave e Solleks per essere istruito.

Buck hade placerats mellan Dave och Solleks för instruktion.

Lui imparava in fretta e gli insegnanti erano risoluti e capaci.

Han var en snabb lärare, och de var bestämda och skickliga lärare.

Non permisero mai a Buck di restare a lungo nell'errore.

De lät aldrig Buck förbli i fel ställning länge.

Quando necessario, impartivano le lezioni con denti affilati.

De undervisade sina lektioner med vassa tänder när det behövdes.

Dave era giusto e dimostrava una saggezza pacata e seria.

Dave var rättvis och visade en stillsam, allvarlig sorts visdom.

Non mordeva mai Buck senza una buona ragione.

Han bet aldrig Buck utan en god anledning.

Ma non mancava mai di mordere quando Buck aveva bisogno di essere corretto.

Men han underlät aldrig att bita när Buck behövde korrigeras.

La frusta di François era sempre pronta e sosteneva la loro autorità.

François piska var alltid redo och backade upp deras auktoritet.

Buck scoprì presto che era meglio obbedire che reagire.

Buck insåg snart att det var bättre att lyda än att slå tillbaka.

Una volta, durante un breve riposo, Buck rimase impigliato nelle redini.

En gång, under en kort vila, trasslade sig Buck in i tyglarna.

Ritardò la partenza e confuse i movimenti della squadra.

Han försenade starten och störde lagets rörelser.

Dave e Solleks si avventarono su di lui e lo picchiarono duramente.

Dave och Solleks flög mot honom och gav honom en hård smäll.

La situazione peggiorò ulteriormente, ma Buck imparò bene la lezione.

Trassel blev bara värre, men Buck lärde sig sin läxa väl.

Da quel momento in poi tenne le redini tese e lavorò con attenzione.

Från och med då höll han tyglarna spända och arbetade noggrant.

Prima che la giornata finisse, Buck aveva portato a termine gran parte del suo compito.

Innan dagen var slut hade Buck bemästrat mycket av sin uppgift.

I suoi compagni di squadra quasi smisero di correggerlo o di morderlo.

Hans lagkamrater slutade nästan att korrigera eller bita honom.

La frusta di François schioccava nell'aria sempre meno spesso.

François piska smällde allt mer sällan genom luften.

Perrault sollevò addirittura i piedi di Buck ed esaminò attentamente ogni zampa.

Perrault lyfte till och med Bucks fötter och undersökte noggrant varje tass.

Era stata una giornata di corsa dura, lunga ed estenuante per tutti loro.

Det hade varit en hård dags löpning, lång och utmattande för dem alla.

Risalirono il Cañon, attraversarono Sheep Camp e superarono le Scales.

De reste uppför Cañon, genom Sheep Camp och förbi Scales.

Superarono il limite della vegetazione arborea, poi ghiacciai e cumuli di neve alti diversi metri.

De korsade skogsgränsen, sedan glaciärer och snödrivor som var många meter djupa.

Scalarono il grande e freddo Chilkoot Divide.

De klättrade uppför den stora kalla och avskräckande Chilkoot-klyftan.

Quella cresta elevata si ergeva tra l'acqua salata e l'interno ghiacciato.

Den höga åsen stod mellan saltvatten och det frusna inlandet.

Le montagne custodivano il triste e solitario Nord con ghiaccio e ripide salite.

Bergen vaktade det sorgsna och ensamma Norden med is och branta klättringar.

Scesero rapidamente lungo una lunga catena di laghi sotto la dorsale.

De tog sig god tid nerför en lång kedja av sjöar nedanför gränsklyftan.

Questi laghi riempivano gli antichi crateri di vulcani spenti.

Dessa sjöar fyllde de forntida kratrarna av slocknade vulkaner.

Quella notte tardi raggiunsero un grande accampamento presso il lago Bennett.

Sent på natten nådde de ett stort läger vid Lake Bennett.

Migliaia di cercatori d'oro erano lì, intenti a costruire barche per la primavera.

Tusentals guldsökare var där och byggde båtar inför våren.

Il ghiaccio si sarebbe presto rotto e dovevano essere pronti.

Isen skulle snart brytas upp, och de var tvungna att vara redo.

Buck scavò la sua buca nella neve e cadde in un sonno profondo.

Buck grävde sitt hål i snön och föll i en djup sömn.

Dormiva come un lavoratore, esausto dopo una dura giornata di lavoro.

Han sov som en arbetare, utmattad efter den hårda dagens slit.

Ma venne strappato al sonno troppo presto, nell'oscurità.

Men för tidigt i mörkret drogs han ur sömnen.

Fu nuovamente imbrigliato insieme ai suoi compagni e attaccato alla slitta.

Han selades fast med sina kompisar igen och fästes vid släden.

Quel giorno percorsero quaranta miglia, perché la neve era ben calpestata.

Den dagen tillryggalade de fyrtio mil, eftersom snön var väl upptrampad.

Il giorno dopo, e per molti giorni a seguire, la neve era soffice.

Nästa dag, och i många dagar efteråt, var snön mjuk.

Dovettero farsi strada da soli, lavorando di più e muovendosi più lentamente.

De var tvungna att göra vägen själva, arbeta hårdare och röra sig långsammare.

Di solito, Perrault camminava davanti alla squadra con le ciaspole palmate.

Vanligtvis gick Perrault före laget med snöskor med simhud.

I suoi passi compattavano la neve, facilitando lo spostamento della slitta.

Hans steg packade snön, vilket gjorde det lättare för släden att röra sig.

François, che era al timone della barca a vela, a volte prendeva il comando.

François, som styrde från gee-pole, tog ibland över.

Ma era raro che François prendesse l'iniziativa

Men det var sällsynt att François tog ledningen

perché Perrault aveva fretta di consegnare le lettere e i pacchi.

eftersom Perrault hade bråttom att leverera breven och paketen.

Perrault era orgoglioso della sua conoscenza della neve, e in particolare del ghíaccio.

Perrault var stolt över sin kunskap om snö, och särskilt is.

Questa conoscenza era essenziale perché il ghiaccio autunnale era pericolosamente sottile.

Den kunskapen var avgörande, eftersom höstisen var farligt tunn.

Dove l'acqua scorreva rapidamente sotto la superficie non c'era affatto ghiaccio.

Där vattnet flödade snabbt under ytan fanns det ingen is alls.

Giorno dopo giorno, la stessa routine si ripeteva senza fine.

Dag efter dag upprepades samma rutin utan slut.

Buck lavorava senza sosta con le redini, dall'alba alla sera.

Buck slet oavbrutet i tyglarna från gryning till natt.

Lasciarono l'accampamento al buio, molto prima che sorgesse il sole.

De lämnade lägret i mörkret, långt innan solen hade gått upp.
Quando spuntò l'alba, avevano già percorso molti chilometri.
När det blev dagsljus hade de redan lagt många mil bakom sig.
Si accamparono dopo il tramonto, mangiando pesce e scavando buche nella neve.
De slog läger efter mörkrets inbrott, åt fisk och grävde sig ner i snön.
Buck era sempre affamato e non era mai veramente soddisfatto della sua razione.
Buck var alltid hungrig och aldrig riktigt nöjd med sin ranson.
Riceveva ogni giorno mezzo chilo di salmone essiccato.
Han fick ett och ett halvt pund torkad lax varje dag.
Ma il cibo sembrò svanire dentro di lui, lasciandogli solo la fame.
Men maten tycktes försvinna inuti honom och lämna hungern bakom sig.
Soffriva di continui morsi della fame e sognava di avere più cibo.
Han led av ständig hunger och drömde om mer mat.
Gli altri cani hanno ricevuto solo mezzo chilo di cibo, ma sono rimasti forti.
De andra hundarna fick bara ett halvt kilo mat, men de förblev starka.
Erano più piccoli ed erano nati in una società nordica.
De var mindre och hade fötts in i det nordliga livet.
Perse rapidamente la pignoleria che aveva caratterizzato la sua vecchia vita.
Han förlorade snabbt den noggrannhet som hade präglat hans gamla liv.
Fino a quel momento era stato un mangiatore prelibato, ma ora non gli era più possibile.
Han hade varit en nättätare, men nu var det inte längre möjligt.
I suoi compagni arrivarono primi e gli rubarono la razione rimasta.

Hans kompisar blev klara först och stjälde hans oavslutade ranson.

Una volta cominciati, non c'era più modo di difendere il cibo da loro.

När de väl hade börjat fanns det inget sätt att försvara hans mat från dem.

Mentre lui lottava contro due o tre cani, gli altri rubarono il resto.

Medan han kämpade mot två eller tre hundar, stal de andra resten.

Per risolvere il problema, cominciò a mangiare velocemente come mangiavano gli altri.

För att åtgärda detta började han äta lika fort som de andra åt.

La fame lo spingeva così forte che arrivò persino a prendere del cibo non suo.

Hungern pressade honom så hårt att han till och med åt mat som inte var hans egen.

Osservò gli altri e imparò rapidamente dalle loro azioni.

Han iakttog de andra och lärde sig snabbt av deras handlingar.

Vide Pike, un nuovo cane, rubare una fetta di pancetta a Perrault.

Han såg Pike, en ny hund, stjäla en skiva bacon från Perrault.

Pike aveva aspettato che Perrault gli voltasse le spalle per rubare la pagnotta.

Pike hade väntat tills Perrault hade vänt ryggen till för att stjäla baconet.

Il giorno dopo, Buck copiò Pike e rubò l'intero pezzo.

Nästa dag kopierade Buck Pike och stal hela biten.

Seguì un gran tumulto, ma Buck non fu sospettato.

Ett stort uppståndelse följde, men Buck misstänktes inte.

Al suo posto venne punito Dub, un cane goffo che veniva sempre beccato.

Dub, en klumpig hund som alltid blev tagen, straffades istället.

Quel primo furto fece di Buck un cane adatto a sopravvivere al Nord.

Den första stölden markerade Buck som en hund lämpad att
överleva i norr.

**Ha dimostrato di sapersi adattare alle nuove condizioni e di
saper imparare rapidamente.**

Han visade att han kunde anpassa sig till nya förhållanden
och lära sig snabbt.

**Senza tale adattabilità, sarebbe morto rapidamente e
gravemente.**

Utan sådan anpassningsförmåga skulle han ha dött snabbt och
illa.

**Segnò anche il crollo della sua natura morale e dei suoi
valori passati.**

Det markerade också ett sammanbrott av hans moraliska
natur och tidigare värderingar.

**Nel Southland aveva vissuto secondo la legge dell'amore e
della gentilezza.**

I Sydlandet hade han levt under kärlekens och vänlighetens
lag.

**Lì aveva senso rispettare la proprietà e i sentimenti degli
altri cani.**

Där var det vettigt att respektera egendom och andra hundars
känslor.

**Ma i Northland seguivano la legge del bastone e la legge
della zanna.**

Men Northland följde klubblagen och huggtandslagarna.

**Chiunque rispettasse i vecchi valori era uno sciocco e
avrebbe fallito.**

Den som respekterade gamla värderingar här var dåraktig och
skulle misslyckas.

Buck non rifletté su tutto questo nella sua mente.

Buck resonerade inte ut allt detta i sitt huvud.

Era in forma e quindi si adattò senza pensarci due volte.

Han var i form, så han anpassade sig utan att behöva tänka.

In tutta la sua vita non era mai fuggito da una rissa.

Hela sitt liv hade han aldrig rymt från ett bråk.

**Ma la mazza di legno dell'uomo con il maglione rosso
cambiò la regola.**

Men mannen i den röda tröjans träklubba ändrade den regeln.

Ora seguiva un codice più profondo e antico, inscritto nel suo essere.

Nu följde han en djupare, äldre kod inskriven i hans varelse.

Non rubava per piacere, ma per il dolore della fame.

Han stal inte av njutning, utan av hungerns smärta.

Non rubava mai apertamente, ma rubava con astuzia e attenzione.

Han rånade aldrig öppet, utan stal med slughet och omsorg.

Agì per rispetto verso la clava di legno e per paura delle zanne.

Han agerade av respekt för träklubban och rädsla för huggtanden.

In breve, ha fatto ciò che era più facile e sicuro che non farlo.

Kort sagt, han gjorde det som var enklare och säkrare än att inte göra det.

Il suo sviluppo, o forse il suo ritorno ai vecchi istinti, fu rapido.

Hans utveckling – eller kanske hans återgång till gamla instinkter – gick snabbt.

I suoi muscoli si indurirono fino a diventare forti come il ferro.

Hans muskler hårdnade tills de kändes starka som järn.

Non gli importava più del dolore, a meno che non fosse grave.

Han brydde sig inte längre om smärta, såvida den inte var allvarlig.

Divenne efficiente dentro e fuori, senza sprecare nulla.

Han blev effektiv både inifrån och ut, utan att slösa någonting alls.

Poteva mangiare cose disgustose, marce o difficili da digerire.

Han kunde äta saker som var vidriga, ruttna eller svårsmälta.

Qualunque cosa mangiasse, il suo stomaco ne sfruttava ogni singolo pezzetto di valore.

Vad han än åt, förbrukade hans mage varenda gnutta av värde.

Il suo sangue trasportava i nutrienti in tutto il suo potente corpo.

Hans blod bar näringsämnena långt genom hans kraftfulla kropp.

Ciò gli ha permesso di sviluppare tessuti forti che gli hanno conferito un'incredibile resistenza.

Detta byggde upp starka vävnader som gav honom otrolig uthållighet.

La sua vista e il suo olfatto diventarono molto più sensibili di prima.

Hans syn och lukt blev mycket känsligare än tidigare.

Il suo udito diventò così acuto che riusciva a percepire anche i suoni più deboli durante il sonno.

Hans hörsel blev så skarp att han kunde uppfatta svaga ljud i sömnen.

Nei sogni sapeva se quei suoni significavano sicurezza o pericolo.

Han visste i sina drömmar om ljuden betydde säkerhet eller fara.

Imparò a mordere con i denti il ghiaccio tra le dita dei piedi.

Han lärde sig att bita i isen mellan tårna med tänderna.

Se una pozza d'acqua si ghiacciava, lui rompeva il ghiaccio con le gambe.

Om ett vattenhål frös till, brukade han bryta isen med benen.

Si impennò e colpì duramente il ghiaccio con gli arti anteriori rigidi.

Han reste sig upp och slog hårt i isen med stela framben.

La sua abilità più sorprendente era quella di prevedere i cambiamenti del vento durante la notte.

Hans mest slående förmåga var att förutsäga vindförändringar över natten.

Anche quando l'aria era immobile, sceglieva luoghi riparati dal vento.

Även när luften var stilla valde han platser skyddade från vinden.

Ovunque scavasse il nido, il vento del giorno dopo lo superava.

Var han än grävde sitt bo, blåste nästa dags vind förbi honom.

Alla fine si ritrovava sempre al sicuro e protetto, al riparo dal vento.

Han låg alltid bekvämt och skyddad, i lä från vinden.

Buck non solo imparò dall'esperienza: anche il suo istinto tornò.

Buck lärde sig inte bara av erfarenhet – hans instinkter återvände också.

Le abitudini delle generazioni addomesticate cominciarono a scomparire.

Vanorna från domesticerade generationer började falla bort.

Ricordava vagamente i tempi antichi della sua razza.

På vaga sätt mindes han sin släkts forntida tider.

Ripensò a quando i cani selvatici correvano in branco nelle foreste.

Han tänkte tillbaka på när vilda hundar sprang i flock genom skogar.

Avevano inseguito e ucciso la loro preda mentre la inseguivano.

De hade jagat och dödat sitt byte medan de sprang ner det.

Per Buck fu facile imparare a combattere con forza e velocità.

Det var lätt för Buck att lära sig att slåss med tand och fart.

Come i suoi antenati, usava tagli, squarci e schiocchi rapidi.

Han använde snitt, snedstreck och snabba snäpp precis som sina förfäder.

Quegli antenati si risvegliarono in lui e risvegliarono la sua natura selvaggia.

Dessa förfäder rörde sig inom honom och väckte hans vilda natur.

Le loro vecchie abilità gli erano state trasmesse attraverso la linea di sangue.

Deras gamla färdigheter hade ärvts till honom genom blodslinjen.

Ora i loro trucchi erano suoi, senza bisogno di pratica o sforzo.

Deras trick var nu hans, utan behov av övning eller ansträngning.

Nelle notti fredde e tranquille, Buck sollevava il naso e ululò.

På stilla, kalla nätter lyfte Buck på nosen och ylade.

Ululò a lungo e profondamente, come facevano i lupi tanto tempo fa.

Han ylade länge och djupt, som vargar hade gjort för länge sedan.

Attraverso di lui, i suoi antenati defunti puntarono il naso e ulularono.

Genom honom pekade hans döda förfäder på näsan och ylade.

Hanno ululato attraverso i secoli con la sua voce e la sua forma.

De ylade ner genom århundradena i hans röst och skepnad.

Le sue cadenze erano le loro, vecchi gridi che parlavano di dolore e di freddo.

Hans kadenser var deras, gamla rop som berättade om sorg och kyla.

Cantavano dell'oscurità, della fame e del significato dell'inverno.

De sjöng om mörker, om hunger och vinterns innebörd.

Buck ha dimostrato come la vita sia plasmata da forze che vanno oltre noi stessi,

Buck bevisade hur livet formas av krafter bortom en själv,

l'antico canto risuonò nelle vene di Buck e si impadronì della sua anima.

den uråldriga sången steg genom Buck och grep tag i hans själ.

Ritrovò se stesso perché gli uomini avevano trovato l'oro nel Nord.

Han fann sig själv eftersom män hade hittat guld i norr.

E lo trovò perché Manuel, l'aiutante giardiniere, aveva bisogno di soldi.

Och han fann sig själv eftersom Manuel, trädgårdsmästarens medhjälpare, behövde pengar.

La Bestia Primordiale Dominante
Det dominerande urdjuret

La bestia primordiale dominante era più forte che mai in
Buck.

Det dominerande urdjuret var lika starkt som alltid i Buck.

Ma la bestia primordiale dominante era rimasta dormiente
in lui.

Men det dominerande urdjuret hade legat vilande inom
honom.

La vita sui sentieri era dura, ma rafforzava la bestia che era
in Buck.

Livet på stigen var hårt, men det stärkte odjuret inom Buck.

Segretamente la bestia diventava sempre più forte ogni
giorno.

I hemlighet blev odjuret starkare och starkare för varje dag.

Ma quella crescita interiore è rimasta nascosta al mondo
esterno.

Men den inre tillväxten förblev dold för omvärlden.

Una forza primordiale calma e silenziosa si stava formando
dentro Buck.

En tyst och lugn urkraft byggdes upp inom Buck.

Una nuova astuzia diede a Buck equilibrio, calma e
compostezza.

Ny slughet gav Buck balans, lugn och kontroll och fattning.

Buck si concentrò molto sull'adattamento, senza mai sentirsi
completamente rilassato.

Buck fokuserade hårt på att anpassa sig och kände sig aldrig
helt avslappnad.

Evitava i conflitti, non iniziava mai litigi e non cercava mai
guai.

Han undvek konflikter, startade aldrig bråk eller sökte bråk.

Ogni mossa di Buck era scandita da una riflessione lenta e
costante.

En långsam, stadig eftertänksamhet formade Bucks varje
rörelse.

Evitava scelte avventate e decisioni improvvise e
sconsiderate.
Han undvek förhastade val och plötsliga, vårdslösa beslut.
Sebbene Buck odiasse profondamente Spitz, non gli mostrò
alcuna aggressività.
Även om Buck hatade Spitz djupt, visade han honom ingen
aggression.
Buck non provocò mai Spitz e mantenne le sue azioni
moderate.
Buck provocerade aldrig Spitz och höll sina handlingar
återhållsamma.
Spitz, d'altro canto, percepì il pericolo crescente in Buck.
Spitz, å andra sidan, anade den växande faran hos Buck.
Vedeva Buck come una minaccia e una seria sfida al suo
potere.
Han såg Buck som ett hot och en allvarlig utmaning mot sin
makt.
Coglieva ogni occasione per ringhiare e mostrare i suoi denti
aguzzi.
Han använde varje tillfälle att morra och visa sina vassa
tänder.
Stava cercando di dare inizio allo scontro mortale che
sarebbe dovuto avvenire.
Han försökte starta den dödliga strid som måste komma.
All'inizio del viaggio, tra loro scoppiò quasi una lite.
Tidigt under resan höll det på att utbryta ett bråk mellan dem.
Ma un incidente inaspettato impedì che il combattimento
avesse luogo.
Men en oväntad olycka stoppade bråket.
Quella sera si accamparono sul gelido lago Le Barge.
Den kvällen slog de läger vid den bitande kalla sjön Le Barge.
La neve cadeva fitta e il vento era tagliente come una lama.
Snön föll hårt och vinden skar som en kniv.
La notte era scesa troppo in fretta e l'oscurità li aveva avvolti.
Natten kom alltför fort, och mörkret omgav dem.
Difficilmente avrebbero potuto scegliere un posto peggiore
per riposare.

De kunde knappast ha valt en sämre plats för vila.
I cani cercavano disperatamente un posto dove sdraiarsi.
Hundarna letade desperat efter en plats att ligga ner på.
Dietro il piccolo gruppo si ergeva un'alta parete rocciosa.
En hög klippvägg reste sig brant bakom den lilla gruppen.
Per alleggerire il carico, la tenda era stata lasciata a Dyea.
Tältet hade lämnats kvar i Dyea för att lätta bördan.
Non avevano altra scelta che accendere il fuoco direttamente sul ghiaccio.
De hade inget annat val än att göra upp elden på själva isen.
Stendevano i loro accappatoi direttamente sul lago ghiacciato.
De bredde ut sina sovkläder direkt på den frusna sjön.
Qualche pezzo di legno galleggiante dava loro un po' di fuoco.
Några drivvedskivlingar gav dem lite eld.
Ma il fuoco è stato acceso sul ghiaccio e attraverso di esso si è scongelato.
Men elden byggdes upp på isen och tinade upp genom den.
Alla fine cenarono al buio.
Till slut åt de sin kvällsmat i mörkret.
Buck si rannicchiò accanto alla roccia, al riparo dal vento freddo.
Buck kröp ihop sig bredvid stenen, skyddad från den kalla vinden.
Il posto era così caldo e sicuro che Buck non voleva andarsene.
Platsen var så varm och trygg att Buck hatade att flytta därifrån.
Ma François aveva scaldato il pesce e stava distribuendo le razioni.
Men François hade värmt fisken och delade ut ransoner.
Buck finì di mangiare in fretta e tornò a letto.
Buck åt snabbt färdigt och återvände till sin säng.
Ma Spitz ora giaceva dove Buck aveva preparato il suo letto.
Men Spitz låg nu där Buck hade bäddat sin säng.

Un ringhio basso avvertì Buck che Spitz si rifiutava di muoversi.

Ett lågt morrande varnade Buck för att Spitz vägrade röra sig.

Finora Buck aveva evitato lo scontro con Spitz.

Fram till nu hade Buck undvikit denna strid med Spitz.

Ma nel profondo di Buck la bestia alla fine si liberò.

Men djupt inne i Buck bröt odjuret slutligen lös.

Il furto del suo posto letto era troppo da tollerare.

Stölden av hans sovplats var för mycket att tolerera.

Buck si lanciò contro Spitz, pieno di rabbia e furore.

Buck kastade sig mot Spitz, full av ilska och raseri.

Fino a quel momento Spitz aveva pensato che Buck fosse solo un grosso cane.

Fram tills nu hade Spitz trott att Buck bara var en stor hund.

Non pensava che Buck fosse sopravvissuto grazie al suo spirito.

Han trodde inte att Buck hade överlevt genom sin ande.

Si aspettava paura e codardia, non furia e vendetta.

Han förväntade sig rädsla och feghet, inte raseri och hämnd.

François rimase a guardare mentre entrambi i cani schizzavano fuori dal nido in rovina.

François stirrade medan båda hundarna bröt ut ur det förstörda boet.

Capì subito cosa aveva scatenato quella violenta lotta.

Han förstod genast vad som hade startat den vilda kampen.

"Aa-ah!" gridò François in sostegno del cane marrone.

"Aa-ah!" ropade François till stöd för den bruna hunden.

"Dategli una bella lezione! Per Dio, punite quel ladro furbo!"

"Ge honom stryk! Vid Gud, straffa den där lömska tjuven!"

Spitz dimostrò altrettanta prontezza e fervore nel combattere.

Spitz visade lika stor beredskap som vild iver att slåss.

Gridò di rabbia mentre girava velocemente in tondo, cercando un varco.

Han skrek ut i raseri medan han cirklade snabbt och sökte en öppning.

Buck mostrò la stessa fame di combattere e la stessa cautela.

Buck visade samma kampvilja och samma försiktighet.

Anche lui girò intorno al suo avversario, cercando di avere la meglio nella battaglia.

Han cirkulerade också runt sin motståndare och försökte få övertaget i striden.

Poi accadde qualcosa di inaspettato e cambiò tutto.

Sedan hände något oväntat och förändrade allt.

Quel momento ritardò l'eventuale lotta per la leadership.

Det ögonblicket försenade den slutliga kampen om ledarskapet.

Ci sarebbero ancora molti chilometri di sentiero e di lotta da percorrere prima della fine.

Många mil av vandring och kamp väntade fortfarande innan slutet.

Perrault urlò un'imprecazione mentre una mazza colpiva l'osso.

Perrault ropade en ed medan en klubba slog mot ett ben.

Seguì un acuto grido di dolore, poi il caos esplose tutt'intorno.

Ett skarpt smärtskrik följde, sedan exploderade kaos runt omkring.

Forme scure si muovevano nell'accampamento: husky selvatici, affamati e feroci.

Mörka skepnader rörde sig i lägret; vilda huskyr, utsvultna och vildsinta.

Quattro o cinque dozzine di husky avevano fiutato l'accampamento da molto lontano.

Fyra eller fem dussin huskyhundar hade nosat på lägret på avstånd.

Si erano introdotti furtivamente mentre i due cani litigavano lì vicino.

De hade smugit sig in tyst medan de två hundarna slogs i närheten.

François e Perrault si lanciarono all'attacco, colpendo con i manganelli gli invasori.

François och Perrault anföll och svingade klubbor mot inkräktarna.

Gli husky affamati mostrarono i denti e si dibatterono freneticamente.

De svältande huskydjuren visade tänder och kämpade tillbaka i frenesi.

L'odore della carne e del pane li aveva fatti superare ogni paura.

Lukten av kött och bröd hade drivit dem över all rädsla.

Perrault picchiò un cane che aveva nascosto la testa nella buca delle vivande.

Perrault slog en hund som hade begravt sitt huvud i matlådan.

Il colpo fu violento e la scatola si ribaltò, facendo fuoriuscire il cibo.

Slaget träffade hårt, lådan välte och mat rann ut.

Nel giro di pochi secondi, una ventina di bestie feroci si avventarono sul pane e sulla carne.

På några sekunder slet ett tjugotal vilda djur sig in i brödet och köttet.

I bastoni degli uomini sferrarono un colpo dopo l'altro, ma nessun cane si allontanò.

Herrklubbarna landade slag efter slag, men ingen hund vände sig bort.

Urlavano di dolore, ma continuarono a lottare finché non rimase più cibo.

De ylade av smärta, men kämpade tills ingen mat fanns kvar.

Nel frattempo i cani da slitta erano saltati giù dalle loro culle innevate.

Under tiden hade slädhundarna hoppat ur sina snötäckta sängar.

Furono immediatamente attaccati dai feroci e affamati husky.

De blev omedelbart attackerade av de grymma hungriga huskiesna.

Buck non aveva mai visto prima creature così selvagge e affamate.

Buck hade aldrig sett så vilda och svältande varelser förut.

La loro pelle pendeva flaccida, nascondendo a malapena lo scheletro.

Deras hud hängde löst och dolde knappt deras skelett.

C'era un fuoco nei loro occhi, per fame e follia

Det brann en eld i deras ögon, av hunger och galenskap

Non c'era modo di fermarli, di resistere al loro assalto selvaggio.

Det fanns inget att stoppa dem; inget kunde göra motstånd mot deras vilda anstormning.

I cani da slitta vennero spinti indietro e premuti contro la parete della scogliera.

Slädhundarna knuffades tillbaka, pressade mot klippväggen.

Tre husky attaccarono Buck contemporaneamente, lacerandogli la carne.

Tre huskyr attackerade Buck samtidigt och slet sönder hans kött.

Il sangue gli colava dalla testa e dalle spalle, dove era stato tagliato.

Blod strömmade från hans huvud och axlar, där han hade blivit skärrad.

Il rumore riempì l'accampamento: ringhi, guaiti e grida di dolore.

Oljudet fyllde lägret; morrande, skrik och smärtskrik.

Billee pianse forte, come al solito, presa dal panico e dalla mischia.

Billee grät högt, som vanligt, fångad i striden och paniken.

Dave e Solleks rimasero fianco a fianco, sanguinanti ma con aria di sfida.

Dave och Solleks stod sida vid sida, blödande men trotsiga.

Joe lottava come un demonio, mordendo tutto ciò che gli si avvicinava.

Joe kämpade som en demon och bet allt som kom i närheten.

Con un violento schiocco di mascelle schiacciò la zampa di un husky.

Han krossade en huskys ben med ett brutalt knäpp med käftarna.

Pike saltò sull'husky ferito e gli ruppe il collo all'istante.

Gäddan hoppade upp på den sårade huskyn och bröt nacken direkt.

Buck afferrò un husky per la gola e gli strappò la vena.

Buck tog tag i halsen på en husky och slet igenom venen.

Il sangue schizzò e il sapore caldo mandò Buck in delirio.

Blod sprutade, och den varma smaken gjorde Buck rasande.

Si lanciò contro un altro aggressore senza esitazione.

Han kastade sig utan att tveka över en annan angripare.

Nello stesso momento, denti aguzzi si conficcarono nella gola di Buck.

I samma ögonblick borrade sig vassa tänder in i Bucks egen hals.

Spitz aveva colpito di lato, attaccando senza preavviso.

Spitz hade slagit till från sidan och attackerat utan förvarning.

Perrault e François avevano sconfitto i cani rubando il cibo.

Perrault och François hade besegrat hundarna som stal maten.

Ora si precipitarono ad aiutare i loro cani a respingere gli aggressori.

Nu skyndade de sig för att hjälpa sina hundar att slå tillbaka angriparna.

I cani affamati si ritirarono mentre gli uomini roteavano i loro manganelli.

De svältande hundarna drog sig tillbaka medan männen svingade sina klubbor.

Buck riuscì a liberarsi dall'attacco, ma la fuga fu breve.

Buck slet sig loss från attacken, men flykten blev kort.

Gli uomini corsero a salvare i loro cani e gli husky tornarono ad attaccarli.

Männen sprang för att rädda sina hundar, och huskyhundarna svärmade igen.

Billee, spaventato e coraggioso, si lanciò nel branco di cani.

Billee, skrämd till mod, hoppade in i hundflocken.

Ma poi fuggì attraverso il ghiaccio, in preda al terrore e al panico.

Men sedan flydde han över isen, i rå skräck och panik.

Pike e Dub li seguirono da vicino, correndo per salvarsi la vita.

Pike och Dub följde tätt efter och flydde för sina liv.

Il resto della squadra si disperse e li inseguì.

Resten av laget splittrades och följde efter dem.

Buck raccolse le forze per correre, ma poi vide un lampo.

Buck samlade krafter för att springa, men såg sedan en blixt.

Spitz si lanciò verso Buck, cercando di buttarlo a terra.

Spitz kastade sig mot Bucks sida och försökte slå ner honom på marken.

Sotto quella banda di husky, Buck non avrebbe avuto scampo.

Under den där mobben av huskydjur skulle Buck inte ha haft någon flyktväg.

Ma Buck rimase fermo e si preparò al colpo di Spitz.

Men Buck stod fast och förberedde sig på slaget från Spitz.

Poi si voltò e corse sul ghiaccio con la squadra in fuga.

Sedan vände han sig om och sprang ut på isen med det flyende teamet.

Più tardi i nove cani da slitta si radunarono al riparo del bosco.

Senare samlades de nio slädhundarna i lä av skogen.

Nessuno li inseguiva più, ma erano malconci e feriti.

Ingen jagade dem längre, men de blev misshandlade och sårade.

Ogni cane presentava delle ferite: quattro o cinque tagli profondi su ogni corpo.

Varje hund hade sår; fyra eller fem djupa skärsår på varje kropp.

Dub aveva una zampa posteriore ferita e ora faceva fatica a camminare.

Dub hade ett skadat bakben och hade svårt att gå nu.

Dolly, l'ultimo cane arrivato da Dyea, aveva la gola tagliata.

Dolly, den nyaste hunden från Dyea, hade en avskuren hals.

Joe aveva perso un occhio e l'orecchio di Billee era stato tagliato a pezzi

Joe hade förlorat ett öga, och Billees öra var skuret i bitar.

Tutti i cani piansero per il dolore e la sconfitta durante la notte.

Alla hundarna grät av smärta och nederlag genom natten.

All'alba tornarono lentamente all'accampamento, doloranti e distrutti.

I gryningen smög de tillbaka till lägret, ömma och trasiga.

Gli husky erano scomparsi, ma il danno era fatto.

Huskiesna hade försvunnit, men skadan var skedd.

Perrault e François erano di pessimo umore e osservavano le rovine.

Perrault och François stodo på dåligt humör över ruinen.

Metà del cibo era sparito, rubato dai ladri affamati.

Hälften av maten var borta, ryckt av de hungriga tjuvarna.

Gli husky avevano strappato le corde e la tela della slitta.

Huskiesna hade slitit sig igenom pulkabindningar och presenningsduk.

Tutto ciò che aveva odore di cibo era stato divorato completamente.

Allt som luktade mat hade slukats fullständigt.

Mangiarono un paio di stivali da viaggio in pelle di alce di Perrault.

De åt ett par av Perraults resstövlar av älgskinn.

Hanno masticato le pelli e rovinato i cinturini rendendoli inutilizzabili.

De tuggade på läderreiar och förstörde remmar som inte kunde användas.

François smise di fissare la frusta strappata per controllare i cani.

François slutade stirra på den avslitna piskfransen för att kontrollera hundarna.

«Ah, amici miei», disse con voce bassa e preoccupata.

"Åh, mina vänner", sa han med låg röst och fylld av oro.

"Forse tutti questi morsi vi trasformeranno in bestie pazze."

"Kanske alla dessa bett förvandlar er till galna bestar."

"Forse tutti cani rabbiosi, sacredam! Che ne pensi, Perrault?"

"Kanske alla galna hundar, min helige! Vad tycker du, Perrault?"

Perrault scosse la testa, con gli occhi scuri per la preoccupazione e la paura.
Perrault skakade på huvudet, ögonen mörka av oro och rädsla.

C'erano ancora quattrocento miglia tra loro e Dawson.
Fyra hundra mil låg fortfarande mellan dem och Dawson.

La follia dei cani potrebbe ormai distruggere ogni possibilità di sopravvivenza.
Hundgalenskap kan nu förstöra alla chanser till överlevnad.

Hanno passato due ore a imprecare e a cercare di riparare l'attrezzatura.
De tillbringade två timmar med att svora och försöka laga utrustningen.

La squadra ferita alla fine lasciò l'accampamento, distrutta e sconfitta.
Det sårade laget lämnade slutligen lägret, brutet och besegrat.

Questo è stato il sentiero più duro finora e ogni passo è stato doloroso.
Detta var den svåraste leden hittills, och varje steg var smärtsamt.

Il fiume Thirty Mile non era ghiacciato e scorreva impetuoso.
Thirty Mile-floden hade inte frusit och forsade vilt.

Soltanto nei punti calmi e nei vortici il ghiaccio riusciva a resistere.
Endast på lugna platser och virvlande virvlar lyckades isen hålla sig fast.

Trascorsero sei giorni di duro lavoro per percorrere le trenta miglia.
Sex dagar av hårt arbete förflöt innan de trettio milen var avklarade.

Ogni miglio del sentiero porta con sé pericoli e minacce di morte.
Varje kilometer av leden medförde fara och hot om död.

Uomini e cani rischiavano la vita a ogni passo doloroso.
Männen och hundarna riskerade sina liv med varje smärtsamt steg.

Perrault riuscì a superare i sottili ponti di ghiaccio una dozzina di volte.
Perrault bröt igenom tunna isbroar ett dussin olika gånger.
Prese un palo e lo lasciò cadere nel buco creato dal suo corpo.
Han bar en stång och lät den falla tvärs över hålet hans kropp gjorde.
Quel palo salvò Perrault più di una volta dall'annegamento.
Mer än en gång räddade den där stången Perrault från att drunkna.
L'ondata di freddo persisteva, la temperatura era di cinquanta gradi sotto zero.
Köldknäppen höll i sig, luften var femtio minusgrader.
Ogni volta che cadeva, Perrault era costretto ad accendere un fuoco per sopravvivere.
Varje gång han ramlade i var Perrault tvungen att tända en eld för att överleva.
Gli abiti bagnati si congelavano rapidamente, perciò li faceva asciugare vicino al calore cocente.
Våta kläder frös snabbt, så han torkade dem nära brännande hetta.
Perrault non provava mai paura, e questo faceva di lui un corriere.
Perrault kände aldrig någon fruktan, och det gjorde honom till kurir.
Fu scelto per affrontare il pericolo e lo affrontò con silenziosa determinazione.
Han valdes för faran, och han mötte den med stillsam beslutsamhet.
Si spinse in avanti controvento, con il viso raggrinzito e congelato.
Han pressade sig fram mot vinden, hans skrumpna ansikte frostbitet.
Perrault li guidò in avanti dall'alba al tramonto.
Från svag gryning till skymning ledde Perrault dem framåt.
Camminava sul ghiaccio sottile che scricchiolava a ogni passo.

Han gick på smal iskant som sprack för varje steg.

Non osavano fermarsi: ogni pausa rischiava di provocare un crollo mortale.

De vågade inte stanna – varje paus riskerade en dödlig kollaps.

Una volta la slitta si ruppe, trascinando dentro Dave e Buck.

En gång bröt släden igenom och drog in Dave och Buck.

Quando furono liberati, entrambi erano quasi congelati.

När de släpades fria var båda nästan frusna.

Gli uomini accesero rapidamente un fuoco per salvare Buck e Dave.

Männen gjorde snabbt upp en eld för att hålla Buck och Dave vid liv.

I cani erano ricoperti di ghiaccio dal naso alla coda, rigidi come legno intagliato.

Hundarna var täckta av is från nos till svans, styva som snidat trä.

Gli uomini li fecero correre in cerchio vicino al fuoco per scongelarne i corpi.

Männen sprang dem i cirklar nära elden för att tina upp deras kroppar.

Si avvicinarono così tanto alle fiamme che la loro pelliccia rimase bruciacchiata.

De kom så nära lågorna att deras päls brändes.

Spitz ruppe poi il ghiaccio, trascinando dietro di sé la squadra.

Spitz bröt sig sedan igenom isen och släpade in spannet efter sig.

La frenata arrivava fino al punto in cui Buck stava tirando.

Brotten nådde hela vägen upp till där Buck drog.

Buck si appoggiò bruscamente allo schienale, con le zampe che scivolavano e tremavano sul bordo.

Buck lutade sig hårt bakåt, tassarna halkade och darrade på kanten.

Anche Dave si sforzò all'indietro, proprio dietro Buck sulla linea.

Dave spände sig också bakåt, precis bakom Buck på linjen.

François tirava la slitta e i suoi muscoli scricchiolavano per lo sforzo.

François släpade på släden, hans muskler sprack av ansträngning.

Un'altra volta, il ghiaccio del bordo si è crepato davanti e dietro la slitta.

En annan gång sprack isen på kanten framför och bakom släden.

Non avevano altra via d'uscita se non quella di arrampicarsi su una parete ghiacciata.

De hade ingen utväg förutom att klättra uppför en frusen klippvägg.

In qualche modo Perrault riuscì a scalare il muro: un miracolo lo tenne in vita.

Perrault klättrade på något sätt uppför väggen; ett mirakel höll honom vid liv.

François rimase sottocoperta, pregando che gli capitasse la stessa fortuna.

François stannade kvar nedanför och bad om samma slags tur.

Legarono ogni cinghia, legatura e tirante in un'unica lunga corda.

De knöt ihop varje rem, surrning och skena till ett enda långt rep.

Gli uomini trascinarono i cani uno alla volta fino in cima.

Männen släpade upp varje hund, en i taget, till toppen.

François salì per ultimo, dopo la slitta e tutto il carico.

François klättrade sist, efter släden och hela lasten.

Poi iniziò una lunga ricerca di un sentiero che scendesse dalle scogliere.

Sedan började ett långt sökande efter en stig ner från klipporna.

Alla fine scesero utilizzando la stessa corda che avevano costruito.

Till slut kom de ner med samma rep som de hade gjort.

Scese la notte mentre tornavano al letto del fiume, esausti e doloranti.

Natten föll när de återvände till flodbädden, utmattade och ömma.

Avevano impiegato un giorno intero per percorrere solo un quarto di miglio.

De hade tagit en hel dag på sig att bara tillryggalägga en kvarts mil.

Quando giunsero all'Hootalinqua, Buck era sfinito.

När de nådde Hootalinqua var Buck utmattad.

Anche gli altri cani soffrivano le stesse condizioni del sentiero.

De andra hundarna led lika illa av förhållandena på stigen.

Ma Perrault aveva bisogno di recuperare tempo e li spingeva avanti giorno dopo giorno.

Men Perrault behövde återhämta sig tid och pressade dem på varje dag.

Il primo giorno percorsero trenta miglia fino a Big Salmon.

Den första dagen reste de trettio mil till Big Salmon.

Il giorno dopo percorsero trentacinque miglia fino a Little Salmon.

Nästa dag reste de trettiofem mil till Little Salmon.

Il terzo giorno percorsero quaranta miglia ghiacciate.

På tredje dagen färdades de igenom fyrtio långa frusna mil.

A quel punto si stavano avvicinando all'insediamento di Five Fingers.

Vid det laget närmade de sig bosättningen Five Fingers.

I piedi di Buck erano più morbidi di quelli duri degli husky autoctoni.

Bucks fötter var mjukare än de hårda fötterna hos inhemska huskies.

Le sue zampe erano diventate tenere nel corso di molte generazioni civilizzate.

Hans tassar hade blivit möra under många civiliserade generationer.

Molto tempo fa, i suoi antenati erano stati addomesticati dagli uomini del fiume o dai cacciatori.

För länge sedan hade hans förfäder tämjts av flodmän eller jägare.

Ogni giorno Buck zoppicava per il dolore, camminando con le zampe screpolate e doloranti.

Varje dag haltade Buck av smärta och gick på råa, värkande tassar.

Giunto all'accampamento, Buck cadde come un corpo senza vita sulla neve.

I lägret föll Buck ner som en livlös skepnad på snön.

Sebbene fosse affamato, Buck non si alzò per consumare il pasto serale.

Fastän Buck var utsvulten, steg han inte upp för att äta sitt kvällsmål.

François portò la sua razione a Buck, mettendogli del pesce vicino al muso.

François gav Buck sin ranson och lade fisk vid nosen.

Ogni notte l'autista massaggiava i piedi di Buck per mezz'ora.

Varje kväll gnuggade kusken Bucks fötter i en halvtimme.

François arrivò persino a tagliare i suoi mocassini per farne delle calzature per cani.

François skar till och med upp sina egna mockasiner för att göra hundskor.

Quattro scarpe calde diedero a Buck un grande e gradito sollievo.

Fyra varma skor gav Buck en stor och välkommen lättnad.

Una mattina François dimenticò le scarpe e Buck si rifiutò di alzarsi.

En morgon glömde François skorna, och Buck vägrade att resa sig.

Buck giaceva sulla schiena, con i piedi in aria, e li agitava in modo pietoso.

Buck låg på rygg med fötterna i vädret och viftade ynkligt med dem.

Persino Perrault sorrise alla vista dell'appello drammatico di Buck.

Till och med Perrault flinade vid åsynen av Bucks dramatiska vädjan.

Ben presto i piedi di Buck diventarono duri e le scarpe poterono essere tolte.

Snart blev Bucks fötter hårda, och skorna kunde slängas.

A Pelly, durante il periodo in cui veniva imbrigliata, Dolly emise un ululato terribile.

Vid Pelly, under seletiden, gav Dolly ifrån sig ett fruktansvärt ylande.

Il grido era lungo e pieno di follia, e fece tremare tutti i cani.

Ropet var långt och fyllt av galenskap och skakade varje hund.

Ogni cane si rizzava per la paura, senza capirne il motivo.

Varje hund rystede av rädsla utan att veta orsaken.

Dolly era impazzita e si era scagliata contro Buck.

Dolly hade blivit galen och kastat sig rakt på Buck.

Buck non aveva mai visto la follia, ma l'orrore gli riempì il cuore.

Buck hade aldrig sett galenskap, men fasa fyllde hans hjärta.

Senza pensarci due volte, si voltò e fuggì in preda al panico più assoluto.

Utan att tänka på det vände han sig om och flydde i ren panik.

Dolly lo inseguì, con gli occhi selvaggi e la saliva che le colava dalle fauci.

Dolly jagade honom, hennes blick var vilda, och saliv flög från hennes käkar.

Si tenne sempre dietro a Buck, senza mai guadagnare terreno e senza mai indietreggiare.

Hon höll sig tätt bakom Buck, utan att komma ikapp och utan att backa.

Buck corse attraverso i boschi, giù per l'isola, sul ghiaccio frastagliato.

Buck sprang genom skogen, nerför ön, över ojämn is.

Attraversò un'isola, poi un'altra, per poi tornare indietro verso il fiume.

Han gick över till en ö, sedan en annan, och gick sedan tillbaka till floden.

Dolly continuava a inseguirlo, ringhiando sempre più forte a ogni passo.

Dolly jagade honom fortfarande, morrande tätt bakom vid varje steg.

Buck poteva sentire il suo respiro e la sua rabbia, anche se non osava voltarsi indietro.

Buck kunde höra hennes andetag och raseri, fast han vågade inte se sig om.

François gridò da lontano e Buck si voltò verso la voce.

ropade François på avstånd, och Buck vände sig mot rösten.

Ancora senza fiato, Buck corse oltre, riponendo ogni speranza in François.

Fortfarande kippande efter luft sprang Buck förbi och satte allt hopp till François.

Il conducente del cane sollevò un'ascia e aspettò che Buck gli passasse accanto.

Hundföraren höjde en yxa och väntade medan Buck flög förbi.

L'ascia calò rapidamente e colpì la testa di Dolly con forza mortale.

Yxan föll ner snabbt och träffade Dollys huvud med dödlig kraft.

Buck crollò vicino alla slitta, ansimando e incapace di muoversi.

Buck kollapsade nära släden, väsande andning och oförmögen att röra sig.

Quel momento diede a Spitz la possibilità di colpire un nemico esausto.

Det ögonblicket gav Spitz hans chans att slå till mot en utmattad motståndare.

Morse Buck due volte, strappandogli la carne fino all'osso bianco.

Två gånger bet han Buck och slet ända ner till det vita benet.

La frusta di François schioccò, colpendo Spitz con tutta la sua forza, con furia.

François piska knäcktes och träffade Spitz med full, rasande kraft.

Buck guardò con gioia Spitz mentre riceveva il pestaggio più duro fino a quel momento.

Buck såg med glädje på när Spitz fick sin hårdaste stryk hittills.

«È un diavolo, quello Spitz», borbottò Perrault tra sé e sé.

"Han är en djävul, den där Spitzen", mumlade Perrault dystert för sig själv.

"Un giorno o l'altro, quel cane maledetto ucciderà Buck, lo giuro."

"Snart kommer den där förbannade hunden att döda Buck – jag lovar."

«Quel Buck ha due diavoli dentro di sé», rispose François annuendo.

"Den där Buck har två djävlar i sig", svarade François med en nick.

"Quando osservo Buck, so che dentro di lui si cela qualcosa di feroce."

"När jag ser Buck vet jag att något vildsint väntar inom honom."

"Un giorno, si infurierà come il fuoco e farà a pezzi Spitz."

"En dag blir han galen som eld och sliter Spitz i bitar."

"Mastischerà quel cane e lo sputerà sulla neve ghiacciata."

"Han kommer att tugga sönder hunden och spotta honom på den frusna snön."

"Certo, lo so fin nel profondo."

"Javisst, det här vet jag innerst inne."

Da quel momento in poi, i due cani furono in guerra tra loro.

Från det ögonblicket och framåt var de två hundarna instängda i krig.

Spitz guidava la squadra e deteneva il potere, ma Buck lo sfidava.

Spitz ledde laget och hade makten, men Buck ifrågasatte det.

Spitz si rese conto che il suo rango era minacciato da questo strano straniero del Sud.

Spitz såg sin rang hotad av denne märklige främling från Sydlandet.

Buck era diverso da tutti i cani del sud che Spitz aveva conosciuto fino ad allora.

Buck var olik alla andra sydstatshundar som Spitz hade känt till tidigare.

La maggior parte di loro fallì: troppo deboli per sopravvivere al freddo e alla fame.

De flesta av dem misslyckades – för svaga för att överleva kyla och hunger.

Morirono rapidamente a causa del lavoro, del gelo e del lento bruciare della carestia.

De dog snabbt under arbete, frost och hungersnödens långsamma brinnande.

Buck si distingueva: ogni giorno più forte, più intelligente e più selvaggio.

Buck stack ut – starkare, smartare och vildare för varje dag.

Ha prosperato nonostante le difficoltà, crescendo al pari degli husky del nord.

Han trivdes i svårigheter och växte upp för att matcha de norra huskiesna.

Buck era dotato di forza, abilità straordinaria e un istinto paziente e letale.

Buck hade styrka, vild skicklighet och en tålmodig, dödlig instinkt.

L'uomo con la mazza aveva annientato Buck per fargli perdere la temerarietà.

Mannen med klubban hade slagit ur Buck den obetänksamma förhastighet.

La furia cieca se n'era andata, sostituita da un'astuzia silenziosa e dal controllo.

Blind ilska var borta, ersatt av tyst slughet och kontroll.

Attese, calmo e primordiale, in attesa del momento giusto.

Han väntade, lugn och primal, och väntade på rätt ögonblick.

La loro lotta per il comando divenne inevitabile e chiara.

Deras kamp om befälet blev oundviklig och tydlig.

Buck desiderava la leadership perché il suo spirito la richiedeva.

Buck önskade ledarskap eftersom hans anda krävde det.

Era spinto da quello strano orgoglio che nasceva dal sentiero e dall'imbracatura.

Han drevs av den säregna stoltheten som föddes ur stig och sele.

Quell'orgoglio faceva sì che i cani tirassero fino a crollare sulla neve.

Den stoltheten fick hundar att dra tills de kollapsade i snön.

L'orgoglio li spinse a dare tutta la forza che avevano.

Stolthet lockade dem att ge all den styrka de hade.

L'orgoglio può trascinare un cane da slitta fino al punto di ucciderlo.

Stolthet kan locka en slädhund ända till döden.

Perdere l'imbracatura rendeva i cani deboli e senza scopo.

Att tappa selen lämnade hundarna trasiga och utan syfte.

Il cuore di un cane da slitta può essere spezzato dalla vergogna quando va in pensione.

En slädhunds hjärta kan krossas av skam när den går i pension.

Dave viveva con questo orgoglio mentre trascinava la slitta da dietro.

Dave levde efter den stoltheten medan han släpade släden bakifrån.

Anche Solleks diede il massimo con cupa forza e lealtà.

Även Solleks gav allt med dyster styrka och lojalitet.

Ogni mattina l'orgoglio li trasformava da amareggiati a determinati.

Varje morgon förvandlade stoltheten dem från bittra till beslutsamma.

Spinsero per tutto il giorno, poi tacquero una volta giunti alla fine dell'accampamento.

De pressade på hela dagen, sedan tystnade de vid slutet av lägret.

Quell'orgoglio diede a Spitz la forza di mettere in riga i fannulloni.

Den stoltheten gav Spitz styrkan att före smygarna in i kön.

Spitz temeva Buck perché Buck nutriva lo stesso profondo orgoglio.

Spitz fruktade Buck eftersom Buck bar samma djupa stolthet.

L'orgoglio di Buck ora si agitò contro Spitz, ma lui non si fermò.

Bucks stolthet rörde sig nu mot Spitz, och han stannade inte.

Buck sfidò il potere di Spitz e gli impedì di punire i cani.

Buck trotsade Spitz makt och hindrade honom från att straffa hundar.

Quando gli altri fallivano, Buck si frapponeva tra loro e il loro capo.

När andra misslyckades, ställde Buck sig mellan dem och deras ledare.

Lo fece con intenzione, rendendo la sua sfida aperta e chiara.

Han gjorde detta med avsikt och gjorde sin utmaning öppen och tydlig.

Una notte una forte nevicata coprì il mondo in un profondo silenzio.

En natt täckte tung snö världen i djup tystnad.

La mattina dopo, Pike, pigro come sempre, non si alzò per andare al lavoro.

Nästa morgon gick Pike, lat som alltid, inte upp för att arbeta.

Rimase nascosto nel suo nido sotto uno spesso strato di neve.

Han höll sig gömd i sitt bo under ett tjockt lager snö.

François gridò e cercò, ma non riuscì a trovare il cane.

François ropade och letade, men kunde inte hitta hunden.

Spitz si infuriò e si scagliò contro l'accampamento coperto di neve.

Spitz blev rasande och stormade genom det snötäckta lägret.

Ringhiò e annusò, scavando freneticamente con gli occhi fiammeggianti.

Han morrade och snörvlade, grävde vilt med flammande ögon.

La sua rabbia era così violenta che Pike tremava sotto la neve per la paura.

Hans raseri var så våldsamt att Pike skakade under snön av skräck.

Quando finalmente Pike fu trovato, Spitz si lanciò per punire il cane nascosto.

När Pike äntligen hittades, kastade Spitz sig ut för att straffa den gömda hunden.

Ma Buck si scagliò tra loro con una furia pari a quella di Spitz.

Men Buck sprang emellan dem med en raseri lika med Spitz egen.

L'attacco fu così improvviso e astuto che Spitz cadde a terra.

Attacken var så plötslig och listig att Spitz föll av fötterna.

Pike, che tremava, trasse coraggio da questa sfida.

Pike, som hade skakat, hämtade mod från detta trots.

Seguendo l'audace esempio di Buck, saltò sullo Spitz caduto.

Han hoppade upp på den fallna Spitzen och följde Bucks djärva exempel.

Buck, non più vincolato dall'equità, si unì allo sciopero di Spitz.

Buck, inte längre bunden av rättvisa, anslöt sig till strejken mot Spitz.

François, divertito ma fermo nella disciplina, agitò la sua pesante frusta.

François, road men bestämd i sin disciplin, svingade sin tunga piskslag.

Colpì Buck con tutta la sua forza per interrompere la rissa.

Han slog Buck med all sin kraft för att avbryta striden.

Buck si rifiutò di muoversi e rimase in groppa al capo caduto.

Buck vägrade att röra sig och stannade kvar ovanpå den fallna ledaren.

François allora usò il manico della frusta e colpì Buck con violenza.

François använde sedan piskan och slog Buck hårt.

Barcollando per il colpo, Buck cadde all'indietro sotto l'assalto.

Vacklande av slaget föll Buck bakåt under attacken.

François colpì più volte mentre Spitz puniva Pike.

François slog till om och om igen medan Spitz straffade Pike.

Passarono i giorni e Dawson City si avvicinava sempre di più.

Dagarna gick, och Dawson City kom närmare och närmare.

Buck continuava a intromettersi, infilandosi tra Spitz e gli altri cani.

Buck fortsatte att lägga sig i och gled mellan Spitz och de andra hundarna.

Sceglieva bene i suoi momenti, aspettando sempre che François se ne andasse.

Han valde sina ögonblick väl och väntade alltid på att François skulle gå.

La ribellione silenziosa di Buck si diffuse e il disordine prese piede nella squadra.

Bucks tysta uppror spred sig, och oordning slog rot i laget.

Dave e Solleks rimasero leali, ma altri diventarono indisciplinati.

Dave och Solleks förblev lojala, men andra blev ostyriga.

La squadra peggiorò: divenne irrequieta, litigiosa e fuori luogo.

Laget blev värre – rastlöst, grälsjukt och ur led.

Ormai niente filava liscio e le liti diventavano all'ordine del giorno.

Ingenting fungerade längre smidigt, och slagsmål blev vanliga.

Buck rimase sempre al centro dei guai, provocando disordini.

Buck stannade i kärnan av oroligheterna och provocerade ständigt fram oroligheter.

François rimase vigile, temendo la lotta tra Buck e Spitz.

François förblev vaken, rädd för slagsmålet mellan Buck och Spitz.

Ogni notte veniva svegliato da zuffe e temeva che finalmente fosse arrivato l'inizio.

Varje natt väckte han bråk, av rädsla för att början äntligen var inne.

Balzò fuori dalla veste, pronto a interrompere la rissa.

Han hoppade av sin mantel, redo att avbryta striden.

Ma il momento non arrivò mai e alla fine raggiunsero Dawson.

Men ögonblicket kom aldrig, och de nådde äntligen Dawson.

La squadra entrò in città in un pomeriggio cupo, teso e silenzioso.

Teamet kom in i staden en dyster eftermiddag, spänt och tyst.

La grande battaglia per la leadership era ancora sospesa nell'aria gelida.

Den stora striden om ledarskapet hängde fortfarande i den frusna luften.

Dawson era piena di uomini e cani da slitta, tutti impegnati nel lavoro.

Dawson var full av män och slädhundar, alla upptagna med arbete.

Buck osservava i cani trainare i carichi dalla mattina alla sera.

Buck såg hundarna dra lass från morgon till kväll.

Trasportavano tronchi e legna da ardere e spedivano rifornimenti alle miniere.

De transporterade stockar och ved och fraktade förnödenheter till gruvorna.

Nel Southland, dove un tempo lavoravano i cavalli, ora lavoravano i cani.

Där hästar en gång arbetade i Southland, arbetade nu hundar.

Buck vide alcuni cani provenienti dal Sud, ma la maggior parte erano husky simili a lupi.

Buck såg några hundar från södern, men de flesta var varglika huskyer.

Di notte, puntuali come un orologio, i cani alzavano la voce e cantavano.

På natten, som ett urverk, höjde hundarna sina röster i sång.

Alle nove, a mezzanotte e di nuovo alle tre, il canto cominciò.

Klockan nio, vid midnatt och återigen klockan tre började sången.

Buck amava unirsi al loro canto inquietante, selvaggio e antico nel suono.

Buck älskade att sällskapa till deras kusliga sång, vild och uråldrig i klangen.

L'aurora fiammeggiava, le stelle danzavano e la neve ricopriva la terra.

Norrskenet flammade, stjärnorna dansade och snö täckte landet.

Il canto dei cani si elevava come un grido contro il silenzio e il freddo pungente.

Hundarnas sång höjdes som ett rop mot tystnaden och den bittra kylan.

Ma il loro urlo esprimeva tristezza, non sfida, in ogni lunga nota.

Men deras ylande rymde sorg, inte trots, i varje lång ton.

Ogni lamento era pieno di supplica: il peso stesso della vita.

Varje klagan var fullt av vädjan; själva livets börda.

Quella canzone era vecchia, più vecchia delle città e più vecchia degli incendi

Den sången var gammal – äldre än städer och äldre än bränder

Quel canto era più antico perfino delle voci degli uomini.

Den sången var äldre än till och med människors röster.

Era una canzone del mondo dei giovani, quando tutte le canzoni erano tristi.

Det var en sång från den unga världen, när alla sånger var sorgliga.

La canzone porta con sé il dolore di innumerevoli generazioni di cani.

Sången bar med sig sorg från otaliga generationer av hundar.

Buck percepì profondamente la melodia, gemendo per un dolore radicato nei secoli.

Buck kände melodin djupt, stönande av smärta rotad i tidsåldrarna.

Singhiozzava per un dolore antico quanto il sangue selvaggio nelle sue vene.

Han snyftade av en sorg lika gammal som det vilda blodet i hans ådror.

Il freddo, l'oscurità e il mistero toccarono l'anima di Buck.

Kylan, mörkret och mystiken berörde Bucks själ.

Quella canzone dimostrava quanto Buck fosse tornato alle sue origini.

Den sången bevisade hur långt Buck hade återvänt till sina ursprung.

Tra la neve e gli ululati aveva trovato l'inizio della sua vita.

Genom snö och ylande hade han funnit början på sitt eget liv.

Sette giorni dopo l'arrivo a Dawson, ripartirono.

Sju dagar efter ankomsten till Dawson gav de sig av igen.

La squadra si è lanciata dalla caserma fino allo Yukon Trail.

Teamet släppte från barackerna ner till Yukon Trail.

Iniziarono il viaggio di ritorno verso Dyea e Salt Water.

De började resan tillbaka mot Dyea och Salt Water.

Perrault trasmise dispacci ancora più urgenti di prima.

Perrault bar depescher ännu mer brådskande än tidigare.

Era anche preso dall'orgoglio per la corsa e puntava a stabilire un record.

Han greps också av stigstolthet och siktade på att sätta rekord.

Questa volta Perrault aveva diversi vantaggi.

Den här gången var flera fördelar på Perraults sida.

I cani avevano riposato per un'intera settimana e avevano ripreso le forze.

Hundarna hade vilat i en hel vecka och återfått sin styrka.

La pista che avevano tracciato era ora battuta da altri.

Spåret de hade brutit var nu hårt packat av andra.

In alcuni punti la polizia aveva immagazzinato cibo sia per i cani che per gli uomini.

På sina ställen hade polisen förvarat mat åt både hundar och män.

Perrault viaggiava leggero, si muoveva velocemente e aveva poco a cui aggrapparsi.

Perrault färdades lätt, rörde sig snabbt och hade lite som tyngde ner honom.

La prima sera raggiunsero la Sixty-Mile, una corsa lunga 50 miglia.

De nådde Sixty-Mile, en löprunda på åtta kilometer, redan den första natten.

Il secondo giorno risalirono rapidamente lo Yukon in direzione di Pelly.

På den andra dagen rusade de uppför Yukon mot Pelly.

Ma questi grandi progressi comportarono anche molta fatica per François.

Men sådana fina framsteg medförde stora påfrestningar för François.

La ribellione silenziosa di Buck aveva infranto la disciplina della squadra.

Bucks tysta uppror hade krossat lagets disciplin.

Non si univano più come un'unica bestia al comando.

De drog inte längre åt samma håll som ett enda odjur i tyglarna.

Buck aveva spinto altri alla sfida con il suo coraggioso esempio.

Buck hade lett andra till trots genom sitt djärva exempel.

L'ordine di Spitz non veniva più accolto con timore o rispetto.

Spitz befallning möttes inte längre med fruktan eller respekt.

Gli altri persero ogni timore reverenziale nei suoi confronti e osarono opporsi al suo governo.

De andra förlorade sin vördnad för honom och vågade göra motstånd mot hans styre.

Una notte, Pike rubò mezzo pesce e lo mangiò sotto gli occhi di Buck.

En natt stal Pike en halv fisk och åt den mitt framför Bucks öga.

Un'altra notte, Dub e Joe combatterono contro Spitz e rimasero impuniti.

En annan natt slogs Dub och Joe mot Spitz och klarade sig ostraffade.

Anche Billee gemette meno dolcemente e mostrò una nuova acutezza.

Till och med Billee gnällde mindre sött och visade ny skärpa.

Buck ringhiava a Spitz ogni volta che si incrociavano.

Buck morrade åt Spitz varje gång de korsade vägar.

L'atteggiamento di Buck divenne audace e minaccioso, quasi come quello di un bullo.

Bucks attityd blev djärv och hotfull, nästan som en översittare.

Camminava avanti e indietro davanti a Spitz con un'andatura spavalda e piena di minaccia beffarda.

Han gick fram och tillbaka framför Spitz med en bravur, full av hånfulla hot.

Questo crollo dell'ordine si diffuse anche tra i cani da slitta.

Det ordningens kollaps spred sig även bland slädhundarna.

Litigarono e discussero più che mai, riempiendo l'accampamento di rumore.

De slogs och grälade mer än någonsin, och fyllde lägret med oväsen.

Ogni notte la vita nel campeggio si trasformava in un caos selvaggio e ululante.

Lägerlivet förvandlades till ett vilt, ylande kaos varje natt.

Solo Dave e Solleks rimasero fermi e concentrati.

Endast Dave och Solleks förblev stadiga och fokuserade.

Ma anche loro diventarono irascibili a causa delle continue risse.

Men även de blev korta till mods av de ständiga bråken.

François imprecò in lingue strane e batté i piedi per la frustrazione.

François svor på främmande språk och stampade i frustration.

Si strappò i capelli e urlò mentre la neve gli volava sotto i piedi.

Han slet sig i håret och skrek medan snön flög under fötterna.

La sua frusta schioccò contro il gruppo, ma a malapena riuscì a tenerli in riga.

Hans piska smällde över flocken men höll dem nätt och jämnt i ledet.

Ogni volta che voltava le spalle, la lotta ricominciava.

Varje gång han vände ryggen till utbröt striderna igen.

François usò la frusta per Spitz, mentre Buck guidava i ribelli.
François använde piskslaget för Spitz, medan Buck ledde rebellerna.
Ognuno conosceva il ruolo dell'altro, ma Buck evitava di addossare ogni colpa.
Båda kände till den andres roll, men Buck undvek all skuld.
François non ha mai colto Buck mentre iniziava una rissa o si sottraeva al suo lavoro.
François ertappade aldrig Buck med att starta ett bråk eller smita från sitt jobb.
Buck lavorava duramente ai finimenti: la fatica ora gli dava entusiasmo.
Buck arbetade hårt i sele – slitet upprörde nu hans ande.
Ma trovava ancora più gioia nel fomentare risse e caos nell'accampamento.
Men han fann ännu större glädje i att skapa bråk och kaos i lägret.

Una sera, alla foce del Tahkeena, Dub spaventò un coniglio.
En kväll vid Tahkeenas mynning skrämde Dub en kanin.
Mancò la presa e il coniglio con la racchetta da neve balzò via.
Han missade fångsten, och snöskokaninen sprang iväg.
Nel giro di pochi secondi, l'intera squadra di slitte si lanciò all'inseguimento, gridando a squarciagola.
På några sekunder gav hela slädteamet efter under vilda rop.
Nelle vicinanze, un accampamento della polizia del nord-ovest ospitava cinquanta cani husky.
I närheten fanns ett polisläger för nordvästra USA, där femtio huskyhundar fanns.
Si unirono alla caccia, scendendo insieme il fiume ghiacciato.
De anslöt sig till jakten och for nerför den frusna floden tillsammans.
Il coniglio lasciò il fiume e fuggì lungo il letto ghiacciato di un ruscello.

Kaninen svängde av floden och flydde uppför en frusen
bäckfåra.

**Il coniglio saltellava leggero sulla neve mentre i cani si
facevano strada a fatica.**

Kaninen hoppade lätt över snön medan hundarna kämpade
sig fram.

**Buck guidava l'enorme branco di sessanta cani attorno a
ogni curva tortuosa.**

Buck ledde den massiva flocken på sextio hundar runt varje
slingrande krök.

**Si spinse in avanti, basso e impaziente, ma non riuscì a
guadagnare terreno.**

Han trängde sig framåt, lågt och ivrigt, men kunde inte vinna
mark.

**Il suo corpo brillava sotto la pallida luna a ogni potente
balzo.**

Hans kropp blixtrade under den bleka månen vid varje
kraftfullt språng.

**Davanti a loro, il coniglio si muoveva come un fantasma,
silenzioso e troppo veloce per essere catturato.**

Framför rörde sig kaninen som ett spöke, tyst och för snabb
för att kunna fånga den.

**Tutti quei vecchi istinti, la fame, l'eccitazione, attraversarono
Buck.**

Alla de där gamla instinkterna – hungern, spänningen –
rusade genom Buck.

**A volte gli esseri umani avvertono questo istinto e sono
spinti a cacciare con armi da fuoco e proiettili.**

Människor känner ibland denna instinkt, drivna att jaga med
gevär och kula.

**Ma Buck provava questa sensazione a un livello più
profondo e personale.**

Men Buck kände den här känslan på ett djupare och mer
personligt plan.

**Non riuscivano a percepire la natura selvaggia nel loro
sangue come Buck.**

De kunde inte känna vildmarken i sitt blod på samma sätt som Buck kunde känna den.

Inseguiva la carne viva, pronto a uccidere con i denti e ad assaggiare il sangue.

Han jagade levande kött, redo att döda med tänderna och smaka blod.

Il suo corpo si tendeva per la gioia, desiderando immergersi nel caldo rosso della vita.

Hans kropp ansträngde sig av glädje, och ville bada i varmt rött liv.

Una strana gioia segna il punto più alto che la vita possa mai raggiungere.

En märklig glädje markerar den högsta punkt livet någonsin kan nå.

La sensazione di raggiungere un picco in cui i vivi dimenticano di essere vivi.

Känslan av en topp där de levande glömmer att de ens lever.

Questa gioia profonda tocca l'artista immerso in un'ispirazione ardente.

Denna djupa glädje berör konstnären som är förlorad i flammande inspiration.

Questa gioia afferra il soldato che combatte selvaggiamente e non risparmia alcun nemico.

Denna glädje griper soldaten som kämpar vilt och inte skonar någon fiende.

Questa gioia ora colpì Buck mentre guidava il branco in preda alla fame primordiale.

Denna glädje krävde nu Buck då han ledde flocken i urhunger.

Ululò con l'antico grido del lupo, emozionato per l'inseguimento.

Han ylade med det urgamla vargskriet, hänförd av den levande jakten.

Buck fece appello alla parte più antica di sé, persa nella natura selvaggia.

Buck utnyttjade den äldsta delen av sig själv, förlorad i vildmarken.

Scavò in profondità dentro di sé, oltre la memoria, fino al tempo grezzo e antico.

Han nådde djupt in i det förflutna, in i den råa, uråldriga tiden.

Un'ondata di vita pura pervase ogni muscolo e tendine.

En våg av rent liv vällde genom varje muskel och sena.

Ogni salto gridava che viveva, che attraversava la morte.

Varje hopp ropade att han levde, att han rörde sig genom döden.

Il suo corpo si librava gioioso su una terra immobile e fredda che non si muoveva mai.

Hans kropp svävade glädjefyllt över det stilla, kalla, orörda landet.

Spitz rimase freddo e astuto anche nei suoi momenti più selvaggi.

Spitz förblev kall och listig, även i sina vildaste stunder.

Lasciò il sentiero e attraversò un terreno dove il torrente formava una curva ampia.

Han lämnade leden och korsade mark där bäcken svängde sig vid.

Buck, ignaro di ciò, rimase sul sentiero tortuoso del coniglio.

Buck, omedveten om detta, stannade kvar på kaninens slingrande stig.

Poi, mentre Buck svoltava dietro una curva, il coniglio spettrale si trovò davanti a lui.

Sedan, när Buck rundade en kurva, stod den spöklika kaninen framför honom.

Vide una seconda figura balzare dalla riva precedendo la preda.

Han såg en andra figur hoppa från stranden framför bytet.

La figura era Spitz, atterrato proprio sulla traiettoria del coniglio in fuga.

Figuren var Spitz, som landade precis i den flyende kaninens väg.

Il coniglio non riuscì a girarsi e incontrò le fauci di Spitz a mezz'aria.

Kaninen kunde inte vända sig om och mötte Spitzs käkar i luften.

La spina dorsale del coniglio si spezzò con un grido acuto come il grido di un essere umano morente.

Kaninens ryggrad bröts av med ett skrik lika skarpt som en döende människas rop.

A quel suono, il passaggio dalla vita alla morte, il branco ululò forte.

Vid det ljudet – fallet från liv till död – ylade flocken högt.

Un coro selvaggio si levò da dietro Buck, pieno di oscura gioia.

En vild kör höjdes bakom Buck, full av mörk glädje.

Buck non emise alcun grido, nessun suono e si lanciò dritto verso Spitz.

Buck ropade inte, inget ljud, och stormade rakt in i Spitz.

Mirò alla gola, ma colpì invece la spalla.

Han siktade på halsen, men träffade istället axeln.

Caddero nella neve soffice, i loro corpi erano intrappolati in un combattimento.

De tumlade genom mjuk snö; deras kroppar var upptagna i strid.

Spitz balzò in piedi rapidamente, come se non fosse mai stato atterrato.

Spitz sprang snabbt upp, som om han aldrig hade blivit nedslagen.

Colpì Buck alla spalla e poi balzò fuori dalla mischia.

Han högg Buck i axeln och sprang sedan undan ur striden.

Per due volte i suoi denti schioccarono come trappole d'acciaio, e le sue labbra si arricciarono e si fecero feroci.

Två gånger knäppte hans tänder som stålfällor, läpparna var böjda och vildsint.

Arretrò lentamente, cercando un terreno solido sotto i piedi.

Han backade långsamt undan och sökte fast mark under fötterna.

Buck comprese il momento all'istante e pienamente.

Buck förstod ögonblicket omedelbart och helt.

Il momento era giunto: la lotta sarebbe stata una lotta all'ultimo sangue.

Tiden var inne; kampen skulle bli en kamp till döden.

I due cani giravano in cerchio, ringhiando, con le orecchie piatte e gli occhi socchiusi.

De två hundarna cirkulerade, morrade, med platta öron och sammanbitna ögon.

Ogni cane aspettava che l'altro mostrasse debolezza o facesse un passo falso.

Varje hund väntade på att den andra skulle visa svaghet eller felsteg.

Buck percepiva quella scena come stranamente nota e profondamente ricordata.

För Buck kändes scenen kusligt välkänd och djupt ihågkommen.

I boschi bianchi, la terra fredda, la battaglia al chiaro di luna.

De vita skogarna, den kalla jorden, striden i månskenet.

Un silenzio pesante, profondo e innaturale riempiva la terra.

En tung tystnad fyllde landet, djup och onaturlig.

Nessun vento si alzava, nessuna foglia si muoveva, nessun suono rompeva il silenzio.

Ingen vind rörde sig, inget löv rörde sig, inget ljud bröt stillheten.

Il respiro dei cani si levava come fumo nell'aria gelida e silenziosa.

Hundarnas andetag steg som rök i den frusna, tysta luften.

Il coniglio era stato dimenticato da tempo dal branco di animali selvatici.

Kaninen var länge glömd av flocken av vilda djur.

Questi lupi semiaddomesticati ora stavano fermi in un ampio cerchio.

Dessa halvtämjda vargar stod nu stilla i en vid cirkel.

Erano silenziosi, solo i loro occhi luminosi rivelavano la loro fame.

De var tysta, bara deras glödande ögon avslöjade deras hunger.

Il loro respiro saliva, mentre osservavano l'inizio dello scontro finale.

Deras andetag gled uppåt, medan de såg den sista striden börja.

Per Buck questa battaglia era vecchia e attesa, per niente strana.

För Buck var denna strid gammal och väntad, inte alls konstig.

Era come il ricordo di qualcosa che doveva accadere da sempre.

Det kändes som ett minne av något som alltid varit menat att hända.

Spitz era un cane da combattimento addestrato, affinato da innumerevoli risse selvagge.

Spitz var en tränad kamphund, finslipad genom otaliga vilda slagsmål.

Dallo Spitzbergen al Canada, aveva sconfitto molti nemici.

Från Spetsbergen till Kanada hade han besegrat många fiender.

Era pieno di rabbia, ma non cedette mai il controllo alla rabbia.

Han var fylld av ilska, men gav aldrig kontroll över raseriet.

La sua passione era acuta, ma sempre temperata dal duro istinto.

Hans passion var skarp, men alltid mildrad av hård instinkt.

Non ha mai attaccato finché non ha avuto la sua difesa pronta.

Han anföll aldrig förrän hans eget försvar var på plats.

Buck provò più volte a raggiungere il collo vulnerabile di Spitz.

Buck försökte gång på gång nå Spitzs sårbara nacke.

Ma ogni colpo veniva accolto da un fendente dei denti affilati di Spitz.

Men varje hugg möttes av ett hugg från Spitz vassa tänder.

Le loro zanne si scontrarono ed entrambi i cani sanguinarono dalle labbra lacerate.

Deras huggtänder krockade, och båda hundarna blödde från sönderrivna läppar.

Nonostante i suoi sforzi, Buck non riusciva a rompere la difesa.

Hur Buck än kastade sig fram kunde han inte bryta igenom försvaret.

Divenne sempre più furioso e si lanciò verso di lui con violente esplosioni di potenza.

Han blev alltmer rasande och stormade in med vilda maktutbrott.

Buck colpì ripetutamente la bianca gola di Spitz.

Om och om igen slog Buck efter Spitz vita strupe.

Ogni volta Spitz schivava e contrattaccava con un morso tagliente.

Varje gång undvek Spitz och slog tillbaka med ett skärande bett.

Poi Buck cambiò tattica, avventandosi di nuovo come se volesse colpirlo alla gola.

Sedan ändrade Buck taktik och rusade som för att sätta strupen igen.

Ma a metà attacco si è ritirato, girandosi per colpire di lato.

Men han drog sig tillbaka mitt i attacken och vände sig till att slå från sidan.

Colpì Spitz con una spallata, con l'intento di buttarlo a terra.

Han kastade axeln mot Spitz i syfte att slå omkull honom.

Ogni volta che ci provava, Spitz lo schivava e rispondeva con un fendente.

Varje gång han försökte undvek Spitz och kontrade med ett hugg.

La spalla di Buck si faceva scorticare mentre Spitz si liberava dopo ogni colpo.

Bucks axel blev öm när Spitz sprang undan efter varje träff.

Spitz non era stato toccato, mentre Buck sanguinava dalle numerose ferite.

Spitz hade inte blivit rörd, medan Buck blödde från många sår.

Il respiro di Buck era affannoso e pesante, il suo corpo era viscido di sangue.

Bucks andetag kom snabbt och tungt, hans kropp glödande av blod.

La lotta diventava più brutale a ogni morso e carica.

Slaget blev mer brutalt med varje bett och anfall.

Attorno a loro, sessanta cani silenziosi aspettavano che il primo cadesse.

Runt omkring dem väntade sextio tysta hundar på att de första skulle falla.

Se un cane fosse caduto, il branco avrebbe posto fine alla lotta.

Om en hund föll skulle flocken avsluta kampen.

Spitz vide Buck indebolirsi e cominciò ad attaccare.

Spitz såg Buck försvagas och började anfalla.

Mantenne Buck sbilanciato, costringendolo a lottare per restare in piedi.

Han höll Buck ur balans och tvingade honom att kämpa för att få fotfästet.

Una volta Buck inciampò e cadde, e tutti i cani si rialzarono.

En gång snubblade Buck och föll, och alla hundarna reste sig upp.

Ma Buck si raddrizzò a metà caduta e tutti ricaddero.

Men Buck rättade till sig mitt i fallet, och alla sjönk ner igen.

Buck aveva qualcosa di raro: un'immaginazione nata da un profondo istinto.

Buck hade något sällsynt – fantasi född ur djup instinkt.

Combatté per istinto naturale, ma combatté anche con astuzia.

Han kämpade av naturlig drift, men han kämpade också med slughet.

Tornò ad attaccare come se volesse ripetere il trucco dell'attacco alla spalla.

Han anföll igen som om han upprepade sitt axelattackstrick.

Ma all'ultimo secondo si abbassò e passò sotto Spitz.

Men i sista sekunden sjönk han lågt och svepte under Spitz.

I suoi denti si bloccarono sulla zampa anteriore sinistra di Spitz con uno schiocco.

Hans tänder låste sig fast i Spitz vänstra framben med ett knäpp.

Spitz ora era instabile e il suo peso gravava solo su tre zampe.

Spitz stod nu ostadig, med endast tre ben i sin vikt.

Buck colpì di nuovo e tentò tre volte di atterrarlo.

Buck slog till igen och försökte tre gånger få ner honom.

Al quarto tentativo ha usato la stessa mossa con successo

På fjärde försöket använde han samma drag med framgång.

Questa volta Buck riuscì a mordere la zampa destra di Spitz.

Den här gången lyckades Buck bita Spitz i högra benet.

Spitz, benché storpio e in agonia, continuò a lottare per sopravvivere.

Spitz, trots att han var förlamad och i smärta, fortsatte att kämpa för att överleva.

Vide il cerchio degli husky stringersi, con le lingue fuori e gli occhi luminosi.

Han såg kretsen av huskyhundar tätna ihop, med tungorna utsträckta och ögonen glödande.

Aspettarono di divorarlo, proprio come avevano fatto con gli altri.

De väntade på att sluka honom, precis som de hade gjort mot andra.

Questa volta era lui al centro, sconfitto e condannato.

Den här gången stod han i mitten; besegrad och dömd.

Ormai il cane bianco non aveva più alcuna possibilità di fuga.

Det fanns inget annat alternativ för den vita hunden att fly nu.

Buck non mostrò alcuna pietà, perché la pietà non era a posto nella natura selvaggia.

Buck visade ingen nåd, för nåd hörde inte hemma i naturen.

Buck si mosse con cautela, preparandosi per la carica finale.

Buck rörde sig försiktigt och förberedde sig för den sista anfallet.

Il cerchio degli husky si stringeva; lui sentiva i loro respiri caldi.

Cirkeln av huskyhundar slöt sig om; han kände deras varma andetag.

Si accovacciarono, pronti a scattare quando fosse giunto il momento.

De hukade sig lågt, redo att hoppa när ögonblicket kom.

Spitz tremava nella neve, ringhiando e cambiando posizione.

Spitz darrade i snön, morrade och ändrade ställning.

I suoi occhi brillavano, le labbra si arricciavano, i denti brillavano in un'espressione disperata e minacciosa.

Hans ögon stirrade, läpparna krullade, tänderna blixtrade av desperat hot.

Barcollò, cercando ancora di resistere al freddo morso della morte.

Han vacklade, fortfarande försökande att hålla tillbaka dödens kalla bett.

Aveva già visto situazioni simili, ma sempre dalla parte dei vincitori.

Han hade sett detta förut, men alltid från den vinnande sidan.

Ora era dalla parte perdente; lo sconfitto; la preda; la morte.

Nu var han på den förlorande sidan; den besegrade; bytet; döden.

Buck si preparò al colpo finale, mentre il cerchio dei cani si faceva sempre più stretto.

Buck gick i en cirk för att ge det sista slaget, hundarnas ring trängdes närmare.

Poteva sentire i loro respiri caldi; erano pronti a uccidere.

Han kunde känna deras heta andetag; redo för att döda.

Calò il silenzio; tutto era al suo posto; il tempo si era fermato.

En stillhet föll; allt var på sin plats; tiden hade stannat.

Persino l'aria fredda tra loro si congelò per un ultimo istante.

Till och med den kalla luften mellan dem frös till is för ett sista ögonblick.

Soltanto Spitz si mosse, cercando di trattenere la sua fine amara.

Endast Spitz rörde sig och försökte hålla tillbaka hans bittra slut.

Il cerchio dei cani si stava stringendo attorno a lui, come era suo destino.

Hundkretsen slöt sig om honom, liksom hans öde.

Ora era disperato, sapendo cosa stava per accadere.

Han var desperat nu, eftersom han visste vad som skulle hända.

Buck balzò dentro e la sua spalla incontrò la sua spalla per l'ultima volta.

Buck hoppade in, axel mötte axel en sista gång.

I cani si lanciarono in avanti, nascondendo Spitz nell'oscurità della neve.

Hundarna rusade fram och täckte Spitz i det snötäckta mörkret.

Buck osservava, eretto e fiero; il vincitore in un mondo selvaggio.

Buck tittade på, stående rak; segraren i en vild värld.

La bestia primordiale dominante aveva fatto la sua uccisione, e la aveva fatta bene.

Det dominerande urdjuret hade gjort sin byte, och det var bra.

Colui che ha conquistato la maestria
Han som har vunnit mästerskapet

"Eh? Cosa ho detto? Dico la verità quando dico che Buck è un diavolo."

"Eh? Vad sa jag? Jag talar sanning när jag säger att Buck är en djävul."

François raccontò questo la mattina dopo aver scoperto la scomparsa di Spitz.

François sa detta nästa morgon efter att ha hittat Spitz försvunnen.

Buck rimase lì, coperto di ferite causate dal violento combattimento.

Buck stod där, täckt av sår från den våldsamma striden.

François tirò Buck vicino al fuoco e indicò le ferite.

François drog Buck nära elden och pekade på skadorna.

«Quello Spitz ha combattuto come il Devik», disse Perrault, osservando i profondi tagli.

"Den där Spitzen slogs som en Devik", sa Perrault och blickade ut över de djupa såren.

«E quel Buck si batteva come due diavoli», rispose subito François.

"Och att Buck slogs som två djävlar", svarade François genast.

"Ora faremo buon passo; niente più Spitz, niente più guai."

"Nu ska vi ha det bra; ingen mer Spitz, inget mer problem."

Perrault stava preparando l'attrezzatura e caricò la slitta con cura.

Perrault packade utrustningen och lastade släden omsorgsfullt.

François bardò i cani per prepararli alla corsa della giornata.

François selade hundarna som förberedelse inför dagens löprunda.

Buck trotterellò dritto verso la posizione di testa, precedentemente occupata da Spitz.

Buck travade rakt upp till den ledningsposition som en gång innehades av Spitz.

Ma François, senza accorgersene, condusse Solleks in prima linea.

Men François, som inte märkte det, ledde Solleks fram till fronten.

Secondo François, Solleks era ora il miglior cane da corsa.

Enligt François' bedömning var Solleks nu den bästa ledarhunden.

Buck si scagliò furioso contro Solleks e lo respinse indietro in segno di protesta.

Buck sprang rasande mot Solleks och drev honom tillbaka i protest.

Si fermò dove un tempo si era fermato Spitz, rivendicando la posizione di comando.

Han stod där Spitz en gång hade stått och gjorde anspråk på ledarpositionen.

"Eh? Eh?" esclamò François, dandosi una pacca sulle cosce divertito.

"Vah? Va?" utbrast François och klappade sig road för låren.

"Guarda Buck: ha ucciso Spitz, ora vuole prendersi il posto!"

"Titta på Buck – han dödade Spitz, nu vill han ta jobbet!"

"Vattene via, Chook!" urlò, cercando di scacciare Buck.

"Gå din väg, Chook!" ropade han och försökte driva bort Buck.

Ma Buck si rifiutò di muoversi e rimase immobile nella neve.

Men Buck vägrade att röra sig och stod stadigt i snön.

François afferrò Buck per la collottola e lo trascinò da parte.

François grep tag i Bucks skinn och drog honom åt sidan.

Buck ringhiò basso e minaccioso, ma non attaccò.

Buck morrade lågt och hotfullt men attackerade inte.

François rimette Solleks in testa, cercando di risolvere la disputa

François satte Solleks tillbaka i ledningen och försökte lösa tvisten

Il vecchio cane mostrò paura di Buck e non voleva restare.

Den gamla hunden visade rädsla för Buck och ville inte stanna.

Quando François gli voltò le spalle, Buck scacciò di nuovo Solleks.

När François vände ryggen till, drev Buck ut Solleks igen.

Solleks non oppose resistenza e si fece di nuovo da parte in silenzio.

Solleks gjorde inget motstånd och steg tyst åt sidan återigen.

François si arrabbiò e urlò: "Per Dio, ti sistemo!"

François blev arg och ropade: "Vid Gud, jag fixar dig!"

Si avvicinò a Buck tenendo in mano una pesante mazza.

Han kom mot Buck med en tung klubba i handen.

Buck ricordava bene l'uomo con il maglione rosso.

Buck mindes mannen i den röda tröjan väl.

Si ritirò lentamente, osservando François ma ringhiando profondamente.

Han drog sig långsamt tillbaka, iakttog François, men morrade djupt.

Non si affrettò a tornare indietro, nemmeno quando Solleks si mise al suo posto.

Han skyndade sig inte tillbaka, inte ens när Solleks stod på hans plats.

Buck si girò in cerchio, appena fuori dalla sua portata, ringhiando furioso e protestando.

Buck cirklade strax utom räckhåll, morrande i raseri och protest.

Teneva gli occhi fissi sulla mazza, pronto a schivare il colpo se François l'avesse lanciata.

Han höll blicken fäst vid klubban, redo att ducka för om François kastade.

Era diventato saggio e cauto nei confronti degli uomini che maneggiavano le armi.

Han hade blivit vis och försiktig när det gällde män med vapen.

François si arrese e chiamò di nuovo Buck al suo vecchio posto.

François gav upp och kallade Buck till sin tidigare plats igen.

Ma Buck fece un passo indietro con cautela, rifiutandosi di obbedire all'ordine.

Men Buck tog ett försiktigt steg tillbaka och vägrade att lyda ordern.

François lo seguì, ma Buck indietreggiò solo di pochi passi.

François följde efter, men Buck drog sig bara tillbaka några steg till.

Dopo un po' François gettò a terra l'arma, frustrato.

Efter en stund kastade François ner vapnet i frustration.

Pensava che Buck avesse paura di essere picchiato e che avrebbe fatto lo stesso senza far rumore.

Han trodde att Buck fruktade att bli misshandlad och skulle komma tyst.

Ma Buck non stava evitando la punizione: stava lottando per ottenere un rango.

Men Buck undvek inte straff – han kämpade för rang.

Si era guadagnato il posto di capobranco combattendo fino alla morte

Han hade förtjänat ledarhundsplatsen genom en kamp på liv och död

non si sarebbe accontentato di niente di meno che di essere il leader.

Han skulle inte nöja sig med något mindre än att vara ledaren.

Perrault si unì all'inseguimento per aiutare a catturare il ribelle Buck.

Perrault hjälpte till i jakten för att fånga den upproriske Buck.

Insieme lo portarono in giro per l'accampamento per quasi un'ora.

Tillsammans sprang de runt med honom i lägret i nästan en timme.

Gli scagliarono contro dei bastoni, ma Buck li schivò abilmente uno per uno.

De kastade klubbor mot honom, men Buck undvek skickligt var och en av dem.

Maledissero lui, i suoi antenati, i suoi discendenti e ogni suo capello.

De förbannade honom, hans förfäder, hans ättlingar och vartenda hårstrå på honom.

Ma Buck si limitò a ringhiare e a restare appena fuori dalla loro portata.

Men Buck bara morrade tillbaka och höll sig precis utom räckhåll.

Non cercò mai di scappare, ma continuò a girare intorno all'accampamento deliberatamente.

Han försökte aldrig fly utan gick medvetet runt lägret.

Disse chiaramente che avrebbe obbedito una volta ottenuto ciò che voleva.

Han gjorde det klart att han skulle lyda när de väl gav honom vad han ville ha.

Alla fine François si sedette e si grattò la testa, frustrato.

François satte sig slutligen ner och kliade sig frustrerat i huvudet.

Perrault controllò l'orologio, imprecò e borbottò qualcosa sul tempo perso.

Perrault tittade på sin klocka, svor och mumlade om förlorad tid.

Era già trascorsa un'ora, mentre avrebbero dovuto essere sulle tracce.

En timme hade redan gått när de borde ha varit på spåret.

François alzò le spalle timidamente, guardando il corriere, che sospirò sconfitto.

François ryckte fåraktigt på axlarna mot kuriren, som suckade besegrad.

Poi François si avvicinò a Solleks e chiamò ancora una volta Buck.

Sedan gick François till Solleks och ropade på Buck ännu en gång.

Buck rise come ride un cane, ma mantenne una cauta distanza.

Buck skrattade som en hund skrattar, men höll försiktigt avstånd.

François tolse l'imbracatura a Solleks e lo rimise al suo posto.

François tog av Solleks sele och satte honom tillbaka på sin plats.

La squadra di slittini era completamente imbracata, con un solo posto libero.

Kälkspannet stod fullt selat, med bara en plats ledig.

La posizione di comando rimase vuota, chiaramente riservata solo a Buck.

Ledarpositionen förblev tom, uppenbarligen avsedd enbart för Buck.

François chiamò di nuovo e di nuovo Buck rise e mantenne la sua posizione.

François ropade igen, och återigen skrattade Buck och stod fast.

«Gettate giù la mazza», ordinò Perrault senza esitazione.

"Kasta ner klubban", beordrade Perrault utan att tveka.

François obbedì e Buck si lanciò subito avanti con orgoglio.

François lydde, och Buck travade genast stolt fram.

Rise trionfante e assunse la posizione di comando.

Han skrattade triumferande och klev in i ledarpositionen.

François fissò le corde e la slitta si staccò.

François säkrade sina spår, och släden bröts loss.

Entrambi gli uomini corsero fianco a fianco mentre la squadra si lanciava lungo il sentiero del fiume.

Båda männen sprang bredvid medan laget rusade ut på flodleden.

François aveva avuto una grande stima dei "due diavoli" di Buck,

François hade haft höga tankar om Bucks "två djävlar".

ma ben presto si rese conto di aver in realtà sottovalutato il cane.

men han insåg snart att han faktiskt hade underskattat hunden.

Buck assunse rapidamente la leadership e si comportò in modo eccellente.

Buck tog snabbt ledarskapet och presterade med utmärkt resultat.

Buck superò Spitz per capacità di giudizio, rapidità di pensiero e rapidità di azione.

I omdöme, snabbt tänkande och snabba handlingar
överträffade Buck Spitz.

**François non aveva mai visto un cane pari a quello che Buck
mostrava ora.**

François hade aldrig sett en hund som var likvärdig med den
Buck nu visade upp.

**Ma Buck eccelleva davvero nel far rispettare l'ordine e nel
imporre rispetto.**

Men Buck utmärkte sig verkligen i att upprätthålla ordning
och kräva respekt.

**Dave e Solleks accettarono il cambiamento senza
preoccupazioni o proteste.**

Dave och Solleks accepterade förändringen utan oro eller
protest.

Si concentravano solo sul lavoro e tiravano forte le redini.

De fokuserade bara på arbete och att dra hårt i tyglarna.

**A loro importava poco chi guidasse, purché la slitta
continuasse a muoversi.**

De brydde sig föga om vem som ledde, så länge släden
fortsatte att röra sig.

**Billee, quella allegra, avrebbe potuto comandare per quel
che volevano.**

Billee, den glada, kunde ha lett vad de än brydde sig om.

Ciò che contava per loro era la pace e l'ordine tra i ranghi.

Det som var viktigt för dem var lugn och ordning i leden.

**Il resto della squadra era diventato indisciplinato durante il
declino di Spitz.**

Resten av laget hade blivit ostyrigt under Spitz nedgång.

**Rimasero scioccati quando Buck li riportò immediatamente
all'ordine.**

De blev chockade när Buck omedelbart beställde dem.

**Pike era sempre stato pigro e aveva sempre tergiversato
dietro a Buck.**

Pike hade alltid varit lat och släpat efter Buck.

**Ma ora è stato severamente disciplinato dalla nuova
leadership.**

Men nu blev han skarpt disciplinerad av det nya ledarskapet.
E imparò rapidamente a dare il suo contributo alla squadra.
Och han lärde sig snabbt att dra sin balk i laget.
Alla fine della giornata, Pike lavorò più duramente che mai.
Vid dagens slut arbetade Pike hårdare än någonsin tidigare.
Quella notte all'accampamento, Joe, il cane scontroso, fu finalmente domato.
Den natten i lägret blev Joe, den sura hunden, äntligen kuvad.
Spitz non era riuscito a disciplinarlo, ma Buck non aveva fallito.
Spitz hade misslyckats med att disciplinera honom, men Buck misslyckades inte.
Sfruttando il suo peso maggiore, Buck sopraffece Joe in pochi secondi.
Med sin större vikt övermannade Buck Joe på några sekunder.
Morse e picchiò Joe finché questi non si mise a piagnucolare e smise di opporre resistenza.
Han bet och slog Joe tills han gnällde och slutade göra motstånd.
Da quel momento in poi l'intera squadra migliorò.
Hela laget förbättrades från det ögonblicket.
I cani ritrovarono la loro antica unità e disciplina.
Hundarna återfick sin gamla enighet och disciplin.
A Rink Rapids si sono uniti al gruppo due nuovi husky autoctoni, Teek e Koona.
Vid Rink Rapids anslöt sig två nya inhemska huskies, Teek och Koona.
La rapidità con cui Buck li addestramento stupì perfino François.
Bucks snabba träning av dem förvånade till och med François.
"Non è mai esistito un cane come quel Buck!" esclamò stupito.
"Aldrig har det funnits en sådan hund som den där Buck!" ropade han förvånat.
"No, mai! Vale mille dollari, per Dio!"
"Nej, aldrig! Han är värd tusen dollar, vid Gud!"
"Eh? Che ne dici, Perrault?" chiese con orgoglio.

"Eh? Vad säger du, Perrault?" frågade han med stolthet.

Perrault annuì in segno di assenso e controllò i suoi appunti.

Perrault nickade instämmande och kontrollerade sina anteckningar.

Siamo già in anticipo sui tempi e guadagniamo sempre di più ogni giorno.

Vi ligger redan före schemat och vi blir fler för varje dag.

Il sentiero era compatto e liscio, senza neve fresca.

Leden var hårt packad och slät, utan nysnö.

Il freddo era costante, con temperature che si aggiravano sempre sui cinquanta gradi sotto zero.

Kylan var ständig och svävade runt femtio minusgrader hela tiden.

Per scaldarsi e guadagnare tempo, gli uomini si alternavano a cavallo e a correre.

Männen red och sprang turvis för att hålla sig varma och ta sig tid.

I cani correvano veloci, fermandosi di rado, spingendosi sempre in avanti.

Hundarna sprang snabbt med få stopp, alltid framåt.

Il fiume Thirty Mile era per la maggior parte ghiacciato e facile da attraversare.

Thirty Mile-floden var mestadels frusen och lätt att resa över.

In un giorno realizzarono ciò che per arrivare aveva impiegato dieci giorni.

De gav sig ut på en dag, vilket hade tagit tio dagar att komma in.

Percorsero circa 96 chilometri dal lago Le Barge a White Horse.

De sprang sextio mil från Lake Le Barge till White Horse.

Si muovevano a velocità incredibile attraverso i laghi Marsh, Tagish e Bennett.

Över Marsh-, Tagish- och Bennett-sjöarna rörde de sig otroligt snabbt.

L'uomo che correva veniva trainato dietro la slitta con una corda.

Den löpande mannen bogserades bakom släden i ett rep.

L'ultima notte della seconda settimana giunsero a destinazione.

På den sista natten i vecka två kom de fram till sin destination.

Insieme avevano raggiunto la cima del White Pass.

De hade nått toppen av White Pass tillsammans.

Scesero fino al livello del mare, con le luci dello Skaguay sotto di loro.

De sjönk ner till havsnivån med Skaguays ljus under sig.

Era stata una corsa da record attraverso chilometri di fredda natura selvaggia.

Det hade varit en rekordartad löprunda genom kilometervis av kall vildmark.

Per quattordici giorni di fila percorsero in media circa quaranta miglia.

Fjorton dagar i sträck snittade de en stark sträcka på sextio kilometer.

A Skaguay, Perrault e François trasportavano merci attraverso la città.

I Skaguay flyttade Perrault och François last genom staden.

Furono applauditi e ricevettero numerose bevande dalla folla ammirata.

De blev hyllade och erbjöds många drinkar av beundrande folkmassor.

I cacciatori di cani e gli operai si sono riuniti attorno alla famosa squadra cinofila.

Hundjagare och arbetare samlades runt det berömda hundspannet.

Poi i fuorilegge del West giunsero in città e subirono una violenta sconfitta.

Sedan kom västerländska laglösa till staden och mötte ett våldsamt nederlag.

La gente si dimenticò presto della squadra e si concentrò sul nuovo dramma.

Folket glömde snart laget och fokuserade på nytt drama.

Poi arrivarono i nuovi ordini che cambiarono tutto in un colpo.

Sedan kom de nya orderna som förändrade allt på en gång.

François chiamò Buck e lo abbracciò con orgoglio e lacrime.

François kallade på Buck och kramade honom med tårfylld stolthet.

Quel momento fu l'ultima volta che Buck vide di nuovo François.

Det ögonblicket var sista gången Buck någonsin såg François igen.

Come molti altri uomini prima di lui, sia François che Perrault se n'erano andati.

Liksom många män tidigare var både François och Perrault borta.

Un meticcio scozzese si prese cura di Buck e dei suoi compagni di squadra con i cani da slitta.

En skotsk halvblod tog hand om Buck och hans slädhundskamrater.

Con una dozzina di altre mute di cani, ritornarono lungo il sentiero fino a Dawson.

Med ett dussin andra hundspann återvände de längs leden till Dawson.

Non si trattava più di una corsa veloce, ma solo di un duro lavoro con un carico pesante ogni giorno.

Det var ingen snabb löprunda nu – bara hårt slit med en tung lass varje dag.

Si trattava del treno postale che portava notizie ai cercatori d'oro vicino al Polo.

Detta var posttåget som förde bud till guldjägare nära polen.

Buck non amava il lavoro, ma lo sopportò bene, essendo orgoglioso del suo impegno.

Buck ogillade arbetet men bar det bra och var stolt över sin insats.

Come Dave e Solleks, Buck dimostrava dedizione in ogni compito quotidiano.

Liksom Dave och Solleks visade Buck hängivenhet i varje daglig uppgift.

Si è assicurato che tutti i suoi compagni di squadra dessero il massimo.

Han såg till att alla hans lagkamrater drog sin rättmätiga del.

La vita sui sentieri divenne noiosa e si ripeteva con la precisione di una macchina.
Livet på stigarna blev tråkigt, upprepat med en maskins precision.

Ogni giorno era uguale, una mattina si fondeva con quella successiva.
Varje dag kändes likadan, en morgon smälte samman med nästa.

Alla stessa ora, i cuochi si alzarono per accendere il fuoco e preparare il cibo.
I samma timme reste sig kockarna för att göra upp eldar och tillaga mat.

Dopo colazione alcuni lasciarono l'accampamento mentre altri attaccarono i cani.
Efter frukost lämnade några lägret medan andra selade för hundarna.

Raggiunsero il sentiero prima che il pallido segnale dell'alba sfiorasse il cielo.
De kom iväg innan den svaga gryningsvarningen nuddade himlen.

Di notte si fermavano per accamparsi, e a ogni uomo veniva assegnato un compito.
På natten stannade de för att slå läger, var och en man med en bestämd uppgift.

Alcuni montarono le tende, altri tagliarono la legna da ardere e raccolsero rami di pino.
Några slog upp tälten, andra högg ved och samlade tallkvistar.

Acqua o ghiaccio venivano portati ai cuochi per la cena serale.
Vatten eller is bars tillbaka till kockarna för kvällsmåltiden.

I cani vennero nutriti e per loro quello fu il momento migliore della giornata.
Hundarna fick mat, och detta var den bästa delen av dagen för dem.

Dopo aver mangiato il pesce, i cani si rilassarono e oziarono vicino al fuoco.

Efter att ha ätit fisk slappnade hundarna av och låg vid elden.

Nel convoglio c'erano un centinaio di altri cani con cui socializzare.

Det fanns hundra andra hundar i konvojen att mingla med.

Molti di quei cani erano feroci e pronti a combattere senza preavviso.

Många av dessa hundar var vildsinta och snabba att slåss utan förvarning.

Ma dopo tre vittorie, Buck riuscì a domare anche i combattenti più feroci.

Men efter tre segrar bemästrade Buck även de tuffaste kämparna.

Ora, quando Buck ringhiò e mostrò i denti, loro si fecero da parte.

När Buck morrade och visade tänderna, klev de åt sidan.

Forse la cosa più bella di tutte era che a Buck piaceva sdraiarsi vicino al fuoco tremolante.

Kanske bäst av allt var att Buck älskade att ligga nära den fladdrande lägerelden.

Si accovacciò, con le zampe posteriori ripiegate e quelle anteriori distese in avanti.

Han hukade sig med bakbenen indragna och frambenen sträckta framåt.

Teneva la testa sollevata e sbatteva dolcemente le palpebre verso le fiamme ardenti.

Hans huvud höjdes medan han blinkade mjukt mot de glödande lågorna.

A volte ricordava la grande casa del giudice Miller a Santa Clara.

Ibland mindes han domare Millers stora hus i Santa Clara.

Pensò alla piscina di cemento, a Ysabel e al carlino di nome Toots.

Han tänkte på cementdammen, på Ysabel och mopsen som hette Toots.

Ma più spesso si ricordava del bastone dell'uomo con il maglione rosso.

Men oftare mindes han mannen med den röda tröjans klubba.

Ricordava la morte di Curly e la sua feroce battaglia con Spitz.
Han mindes Lockigs död och hans hårda kamp med Spitz.
Ricordava anche il buon cibo che aveva mangiato o che ancora sognava.
Han mindes också den goda maten han hade ätit eller fortfarande drömt om.
Buck non aveva nostalgia di casa: la valle calda era lontana e irreale.
Buck längtade inte hem – den varma dalen var avlägsen och overklig.
I ricordi della California non avevano più alcun fascino su di lui.
Minnena från Kalifornien hade inte längre någon egentlig dragningskraft på honom.
Più forti della memoria erano gli istinti radicati nella sua stirpe.
Starkare än minnet var instinkter djupt i hans blodslinje.
Le abitudini un tempo perdute erano tornate, ravvivate dal sentiero e dalla natura selvaggia.
Vanor som en gång varit förlorade hade återvänt, återupplivade av leden och vildmarken.
Mentre Buck osservava la luce del fuoco, a volte questa diventava qualcos'altro.
När Buck tittade på eldskenet förvandlades det ibland till något annat.
Vide alla luce del fuoco un altro fuoco, più vecchio e più profondo di quello attuale.
Han såg i eldskenet en annan eld, äldre och djupare än den nuvarande.
Accanto all'altro fuoco era accovacciato un uomo che non somigliava per niente al cuoco meticcio.
Bredvid den andra elden hukade en man, olik den halvblodiga kocken.
Questa figura aveva gambe corte, braccia lunghe e muscoli duri e contratti.

Denna figur hade korta ben, långa armar och hårda, knutna muskler.

I suoi capelli erano lunghi e arruffati, e gli scendevano all'indietro a partire dagli occhi.

Hans hår var långt och tovigt och sluttade bakåt från ögonen.

Emetteva strani suoni e fissava l'oscurità con paura.

Han gav ifrån sig konstiga ljud och stirrade skräckslagen ut i mörkret.

Teneva bassa una mazza di pietra, stretta saldamente nella sua mano lunga e ruvida.

Han höll en stenklubba lågt, hårt greppad i sin långa, grova hand.

L'uomo indossava ben poco: solo una pelle carbonizzata che gli pendeva lungo la schiena.

Mannen bar lite; bara en förkolnad hud som hängde nerför hans rygg.

Il suo corpo era ricoperto da una folta peluria sulle braccia, sul petto e sulle cosce.

Hans kropp var täckt av tjockt hår över armar, bröst och lår.

Alcune parti del pelo erano aggrovigliate e formavano chiazze di pelo ruvido.

Vissa delar av håret var trassligt till fläckar av grov päls.

Non stava dritto, ma era piegato in avanti dai fianchi alle ginocchia.

Han stod inte rak utan böjde sig framåt från höfterna till knäna.

I suoi passi erano elastici e felini, come se fosse sempre pronto a scattare.

Hans steg var fjädrande och kattlika, som om han alltid var redo att hoppa.

C'era una forte allerta, come se vivesse nella paura costante.

Det fanns en skarp vakenhet, som om han levde i ständig rädsla.

Quest'uomo anziano sembrava aspettarsi il pericolo, indipendentemente dal fatto che questo venisse visto o meno.

Denne forntida man tycktes förvänta sig fara, oavsett om faran sågs eller inte.

A volte l'uomo peloso dormiva accanto al fuoco, con la testa tra le gambe.

Ibland sov den hårige mannen vid elden med huvudet mellan benen.

Teneva i gomiti sulle ginocchia e le mani giunte sopra la testa.

Hans armbågar vilade på knäna, händerna knäppta ovanför huvudet.

Come un cane, usava le sue braccia pelose per proteggersi dalla pioggia che cadeva.

Liksom en hund använde han sina håriga armar för att skjuta upp det fallande regnet.

Oltre la luce del fuoco, Buck vide due carboni ardenti che ardevano nell'oscurità.

Bortom eldskenet såg Buck dubbla glödande kol i mörkret.

Sempre a due a due, erano gli occhi delle bestie da preda.

Alltid två och två, var de ögonen på smygande rovdjur.

Sentì corpi che si infrangevano tra i cespugli e rumori provenienti dalla notte.

Han hörde kroppar krascha genom buskage och ljud som gjordes i natten.

Sdraiato sulla riva dello Yukon, sbattendo le palpebre, Buck sognò accanto al fuoco.

Liggande på Yukons strand, blinkande, drömde Buck vid elden.

Le immagini e i suoni di quel mondo selvaggio gli fecero rizzare i capelli.

Synerna och ljuden från den vilda världen fick honom att resa sig på håret.

La pelliccia gli si drizzò lungo la schiena, sulle spalle e sul collo.

Pälsen reste sig längs hans rygg, axlar och upp på hans nacke.

Gemeva piano o emetteva un ringhio basso dal profondo del petto.

Han gnällde mjukt eller morrade lågt djupt i bröstet.

Allora il cuoco meticcio urlò: "Ehi, Buck, svegliati!"
Sedan ropade halvblodskocken: "Hallå, din Buck, vakna!"
Il mondo dei sogni svanì e la vera vita tornò agli occhi di Buck.
Drömvärlden försvann, och det verkliga livet återvände i Bucks ögon.
Si sarebbe alzato, si sarebbe stiracchiato e avrebbe sbadigliato, come se si fosse svegliato da un pisolino.
Han skulle gå upp, sträcka på sig och gäspa, som om han hade väckts från en tupplur.
Il viaggio era duro, con la slitta postale che li trascinava dietro.
Resan var svår, med postsläden släpande efter dem.
Carichi pesanti e lavoro duro sfinivano i cani ogni lunga giornata.
Tunga bördor och hårt arbete slet ut hundarna varje lång dag.
Arrivarono a Dawson magro, stanco e con bisogno di più di una settimana di riposo.
De anlände till Dawson tunna, trötta och i behov av över en veckas vila.
Ma solo due giorni dopo ripartirono per lo Yukon.
Men bara två dagar senare gav de sig ut nerför Yukonfloden igen.
Erano carichi di altre lettere dirette al mondo esterno.
De var lastade med fler brev på väg till omvärlden.
I cani erano esausti e gli uomini si lamentavano in continuazione.
Hundarna var utmattade och männen klagade ständigt.
Ogni giorno cadeva la neve, ammorbidendo il sentiero e rallentando le slitte.
Snö föll varje dag, vilket mjukade upp leden och saktade ner slädarna.
Ciò rendeva la trazione più dura e aumentava la resistenza delle guide.
Detta gjorde att löparna drog hårdare och fick mer motstånd.
Nonostante ciò, i piloti si sono dimostrati leali e hanno avuto cura delle loro squadre.

Trots det var förarna rättvisa och brydde sig om sina team.

Ogni notte, i cani venivano nutriti prima che gli uomini mangiassero.

Varje kväll matades hundarna innan männen fick äta.

Nessun uomo dormiva prima di controllare le zampe del proprio cane.

Ingen människa sov innan hon kontrollerat sin egen hunds fötter.

Tuttavia, i cani diventavano sempre più deboli man mano che i chilometri consumavano i loro corpi.

Ändå blev hundarna svagare allt eftersom milen gick på deras kroppar.

Avevano viaggiato per milleottocento miglia durante l'inverno.

De hade rest artonhundra mil under vintern.

Percorrevano ogni miglio di quella distanza brutale trainando le slitte.

De drog slädar över varenda mil av den brutala sträckan.

Anche i cani da slitta più resistenti provano tensione dopo tanti chilometri.

Även de tuffaste slädhundarna känner ansträngning efter så många mil.

Buck tenne duro, fece sì che la sua squadra lavorasse e mantenne la disciplina.

Buck höll ut, höll sitt lag igång och upprätthöll disciplinen.

Ma Buck era stanco, proprio come gli altri durante il lungo viaggio.

Men Buck var trött, precis som de andra på den långa resan.

Billee piagnucolava e piangeva nel sonno ogni notte, senza sosta.

Billee gnällde och grät i sömnen varje natt utan att misslyckas.

Joe diventò ancora più amareggiato e Solleks rimase freddo e distante.

Joe blev ännu mer bitter, och Solleks förblev kall och distanserad.

Ma è stato Dave a soffrire di più di tutta la squadra.

Men det var Dave som drabbades värst av hela laget.

Qualcosa dentro di lui era andato storto, anche se nessuno sapeva cosa.

Något hade gått fel inom honom, fast ingen visste vad.

Divenne più lunatico e aggredì gli altri con rabbia crescente.

Han blev mer humörig och fräste åt andra med växande ilska.

Ogni notte andava dritto al suo nido, in attesa di essere nutrito.

Varje natt gick han direkt till sitt bo och väntade på att få mat.

Una volta a terra, Dave non si alzò più fino al mattino.

När han väl var nere, gick Dave inte upp igen förrän på morgonen.

Sulle redini, gli improvvisi strattoni o sussulti lo facevano gridare di dolore.

I tyglarna fick plötsliga ryck eller starter honom att skrika av smärta.

L'autista ha cercato di capirne la causa, ma non ha trovato ferite.

Hans förare sökte efter orsaken, men fann inga skador på honom.

Tutti gli autisti cominciarono a osservare Dave e a discutere del suo caso.

Alla förarna började titta på Dave och diskuterade hans fall.

Parlarono durante i pasti e durante l'ultima sigaretta della giornata.

De pratade vid måltiderna och under sin sista rökning för dagen.

Una notte tennero una riunione e portarono Dave al fuoco.

En kväll höll de ett möte och förde Dave till elden.

Gli premevano e palpavano il corpo e lui gridava spesso.

De tryckte och undersökte hans kropp, och han grät ofta.

Era evidente che qualcosa non andava, anche se non sembrava esserci nessuna frattura.

Något var uppenbarligen fel, även om inga ben verkade brutna.

Quando arrivarono al Cassiar Bar, Dave stava cadendo.

När de kom fram till Cassiar Bar höll Dave på att falla omkull.

Il meticcio scozzese impose uno stop e rimosse Dave dalla squadra.

Den skotske halvblodet lade stopp och tog bort Dave från laget.

Fissò Solleks al posto di Dave, il più vicino possibile alla parte anteriore della slitta.

Han fäste Solleks på Daves plats, närmast skoterns framdel.

Voleva lasciare che Dave riposasse e corresse libero dietro la slitta in movimento.

Han tänkte låta Dave vila och springa fritt bakom den rörliga släden.

Ma nonostante la malattia, Dave odiava che gli venisse tolto il lavoro che aveva ricoperto.

Men även när han var sjuk hatade Dave att bli tagen från jobbet han hade haft.

Ringhiò e piagnucolò quando gli strapparono le redini dal corpo.

Han morrade och gnällde när tyglarna drogs från hans kropp.

Quando vide Solleks al suo posto, pianse disperato.

När han såg Solleks i sin plats grät han av förkrossad smärta.

L'orgoglio per il lavoro sui sentieri era profondo in Dave, anche quando la morte si avvicinava.

Stoltheten över ledarbetet var djupt inom Dave, även när döden närmade sig.

Mentre la slitta si muoveva, Dave arrancava nella neve soffice vicino al sentiero.

Medan släden rörde sig, famlade Dave genom den mjuka snön nära leden.

Attaccò Solleks, mordendolo e spingendolo giù dal lato della slitta.

Han attackerade Solleks, bet och knuffade honom från slädens sida.

Dave cercò di saltare nell'imbracatura e di riprendersi il suo posto di lavoro.

Dave försökte hoppa in i selen och återta sin arbetsplats.

Lui guaiva, si lamentava e piangeva, diviso tra il dolore e l'orgoglio del parto.

Han skrek, gnällde och grät, sliten mellan smärta och stolthet över arbetet.

Il meticcio usò la frusta per cercare di allontanare Dave dalla squadra.

Halvblodet använde sin piska för att försöka driva bort Dave från laget.

Ma Dave ignorò la frustata e l'uomo non riuscì a colpirlo più forte.

Men Dave ignorerade piskslaget, och mannen kunde inte slå honom hårdare.

Dave rifiutò il sentiero più facile dietro la slitta, dove la neve era compatta.

Dave vägrade att ta den enklare vägen bakom släden, där snön var packad.

Invece, si ritrovò a lottare nella neve profonda, ai lati del sentiero, in preda alla miseria.

Istället kämpade han i den djupa snön bredvid leden, i elände.

Alla fine Dave crollò, giacendo sulla neve e urlando di dolore.

Så småningom kollapsade Dave, liggandes i snön och ylande av smärta.

Lanciò un grido mentre la lunga fila di slitte gli passava accanto una dopo l'altra.

Han ropade till när det långa tåget av slädar passerade honom en efter en.

Tuttavia, con le poche forze che gli rimanevano, si alzò e barcollò dietro di loro.

Ändå, med den styrka som fanns kvar, reste han sig och stapplade efter dem.

Quando il treno si fermò di nuovo, lo raggiunse e trovò la sua vecchia slitta.

Han hann ikapp när tåget stannade igen och hittade sin gamla släde.

Superò con difficoltà le altre squadre e tornò a posizionarsi accanto a Solleks.

Han famlade förbi de andra lagen och stod bredvid Solleks igen.

Mentre l'autista si fermava per accendere la pipa, Dave colse l'ultima occasione.

När föraren stannade för att tända sin pipa tog Dave sin sista chans.

Quando l'autista tornò e urlò, la squadra non avanzò.

När föraren återvände och ropade, fortsatte teamet inte framåt.

I cani avevano girato la testa, confusi dall'improvviso arresto.

Hundarna hade vridit på huvudet, förvirrade av det plötsliga stoppet.

Anche il conducente era scioccato: la slitta non si era mossa di un centimetro in avanti.

Föraren blev också chockad – släden hade inte rört sig en centimeter framåt.

Chiamò gli altri perché venissero a vedere cosa era successo.

Han ropade på de andra att de skulle komma och se vad som hade hänt.

Dave aveva masticato le redini di Solleks, spezzandole entrambe.

Dave hade tuggat igenom Solleks tyglar och brutit isär båda.

Ora era di nuovo in piedi davanti alla slitta, nella sua giusta posizione.

Nu stod han framför släden, tillbaka på sin rättmätiga plats.

Dave alzò lo sguardo verso l'autista, implorandolo silenziosamente di restare al passo.

Dave tittade upp på föraren och bönföll tyst att få hålla sig i spåren.

L'autista era perplesso e non sapeva cosa fare per il cane in difficoltà.

Föraren var förbryllad och osäker på vad han skulle göra med den kämpande hunden.

Gli altri uomini parlavano di cani morti perché li avevano portati fuori.

De andra männen talade om hundar som hade dött av att bli uttagna.

Raccontavano di cani vecchi o feriti il cui cuore si era spezzato quando erano stati abbandonati.

De berättade om gamla eller skadade hundar vars hjärtan krossades när de lämnades kvar.

Concordarono che era un atto di misericordia lasciare che Dave morisse mentre era ancora imbrigliato.

De var överens om att det var barmhärtighet att låta Dave dö medan han fortfarande var i sin sele.

Fu rimesso in sicurezza sulla slitta e Dave tirò con orgoglio.

Han var fastspänd på släden igen, och Dave drog med stolthet.

Anche se a volte gridava, lavorava come se il dolore potesse essere ignorato.

Även om han grät ibland, arbetade han som om smärta kunde ignoreras.

Più di una volta cadde e fu trascinato prima di rialzarsi.

Mer än en gång föll han och släpades med innan han reste sig igen.

A un certo punto la slitta gli rotolò addosso e da quel momento in poi zoppicò.

En gång rullade släden över honom, och han haltade från det ögonblicket.

Nonostante ciò, lavorò finché non raggiunse l'accampamento e poi si sdraiò accanto al fuoco.

Ändå arbetade han tills han nådde lägret, och låg sedan vid elden.

Al mattino Dave era troppo debole per muoversi o anche solo per stare in piedi.

På morgonen var Dave för svag för att resa eller ens stå upprätt.

Al momento di allacciare l'imbracatura, cercò di raggiungere il suo autista con sforzi tremanti.

Vid tiden för fastspänning försökte han med darrande ansträngning nå sin kusk.

Si sforzò di rialzarsi, barcollò e crollò sul terreno innevato.

Han tvingade sig upp, vacklade och kollapsade ner på den snötäckta marken.

Utilizzando le zampe anteriori, trascinò il suo corpo verso la zona dell'imbracatura.

Med hjälp av frambenen drog han sin kropp mot seleområdet.

Si fece avanti, centimetro dopo centimetro, verso i cani da lavoro.

Han hakade framåt, centimeter för centimeter, mot arbetshundarna.

Le forze gli cedettero, ma continuò a muoversi nel suo ultimo disperato tentativo.

Hans styrkor tog slut, men han fortsatte i sin sista desperata ryck.

I suoi compagni di squadra lo videro ansimare nella neve, ancora desideroso di unirsi a loro.

Hans lagkamrater såg honom kippande efter andan i snön, fortfarande längtande efter att få göra dem sällskap.

Lo sentirono urlare di dolore mentre si lasciavano alle spalle l'accampamento.

De hörde honom yla av sorg när de lämnade lägret.

Mentre la squadra svaniva tra gli alberi, il grido di Dave risuonava dietro di loro.

När teamet försvann in i träden ekade Daves rop bakom dem.

Il treno delle slitte si fermò brevemente dopo aver attraversato un tratto di fiume ricco di boschi.

Slädtåget stannade kort efter att ha korsat en sträcka av flodskog.

Il meticcio scozzese tornò lentamente verso l'accampamento alle sue spalle.

Den skotska halvblodet gick långsamt tillbaka mot lägret bakom.

Gli uomini smisero di parlare quando lo videro scendere dal treno delle slitte.

Männen slutade tala när de såg honom lämna slädtåget.

Poi un singolo colpo di pistola risuonò chiaro e netto attraverso il sentiero.

Sedan ljöd ett enda pistolskott klart och skarpt över stigen.

L'uomo tornò rapidamente e prese il suo posto senza dire una parola.

Mannen återvände snabbt och intog sin plats utan ett ord.

Le fruste schioccavano, i campanelli tintinnavano e le slitte avanzavano sulla neve.

Piskor sprakade, klockor klirrade och slädarna rullade vidare genom snön.

Ma Buck sapeva cosa era successo, come tutti gli altri cani.

Men Buck visste vad som hade hänt – och det gjorde även alla andra hundar.

La fatica delle redini e del sentiero
Tyglarnas och spårets möda

Trenta giorni dopo aver lasciato Dawson, la Salt Water Mail raggiunse Skaguay.
Trettio dagar efter att ha lämnat Dawson nådde Salt Water Mail Skaguay.

Buck e i suoi compagni di squadra presero il comando e arrivarono in condizioni pietose.
Buck och hans lagkamrater tog ledningen och anlände i ynkligt skick.

Buck era sceso da 140 a 150 chili.
Buck hade gått ner från hundra fyrtio till hundra femton pund.

Gli altri cani, sebbene più piccoli, avevano perso ancora più peso corporeo.
De andra hundarna, även om de var mindre, hade gått ner ännu mer i vikt.

Pike, che una volta zoppicava fingendo, ora trascinava dietro di sé una gamba veramente ferita.
Pike, en gång en falsk haltare, släpade nu ett rejält skadat ben efter sig.

Solleks zoppicava gravemente e Dub aveva una scapola slogata.
Solleks haltade svårt, och Dub hade en vriden skulderblad.

Tutti i cani del team avevano i piedi doloranti a causa delle settimane trascorse sul sentiero ghiacciato.
Varje hund i spannet hade ont i fötterna efter veckor på den frusna leden.

Non avevano più slancio nei loro passi, solo un movimento lento e trascinato.
De hade ingen fjädring kvar i sina steg, bara långsamma, släpande rörelser.

I loro piedi colpivano il sentiero con forza e ogni passo aggiungeva ulteriore sforzo al loro corpo.
Deras fötter träffade stigen hårt, och varje steg ökade belastningen på deras kroppar.

Non erano malati, erano solo stremati oltre ogni possibile guarigione naturale.

De var inte sjuka, bara uttömda till oförmåga att återhämta sig på naturlig väg.

Non si trattava della stanchezza di una giornata faticosa, curata con una notte di riposo.

Detta var inte trötthet från en hård dag, botad med en natts vila.

Era una stanchezza accumulata lentamente attraverso mesi di sforzi estenuanti.

Det var en utmattning som långsamt byggdes upp genom månader av slitsam ansträngning.

Non era rimasta alcuna riserva di forze: avevano esaurito ogni energia a loro disposizione.

Ingen reservstyrka fanns kvar – de hade förbrukat varenda krona de hade.

Ogni muscolo, fibra e cellula del loro corpo era consumato e usurato.

Varje muskel, fiber och cell i deras kroppar var uttömd och sliten.

E c'era un motivo: avevano percorso duemilacinquecento miglia.

Och det fanns en anledning – de hade tillryggalagt tjugofemhundra mil.

Si erano riposati solo cinque giorni durante le ultime milleottocento miglia.

De hade bara vilat fem dagar under de sista artonhundra milen.

Quando giunsero a Skaguay, sembrava che riuscissero a malapena a stare in piedi.

När de nådde Skaguay såg det ut som om de knappt kunde stå upprätta.

Facevano fatica a tenere le redini strette e a restare davanti alla slitta.

De kämpade för att hålla tyglarna spända och ligga steget före släden.

Nei pendii in discesa riuscivano solo a evitare di essere investiti.

I nedförsbackar lyckades de bara undvika att bli överkörda.

"Continuate a marciare, poveri piedi doloranti", disse l'autista mentre zoppicavano.

"Marschera på, stackars ömma fötter", sa kusken medan de haltade fram.

"Questo è l'ultimo tratto, poi ci prenderemo tutti un lungo riposo, di sicuro."

"Det här är sista sträckan, sedan får vi alla en lång vila, helt klart."

"Un riposo davvero lungo", promise, guardandoli barcollare in avanti.

"En riktigt lång vila", lovade han och såg dem stappla framåt.

Gli autisti si aspettavano una lunga e necessaria pausa.

Förarna förväntade sig att de nu skulle få en lång, välbehövlig paus.

Avevano percorso milleduecento miglia con solo due giorni di riposo.

De hade rest tolvhundra mil med bara två dagars vila.

Per correttezza e ragione, ritenevano di essersi guadagnati un po' di tempo per rilassarsi.

Av rättvisa och förnuftiga skäl kände de att de hade förtjänat tid att koppla av.

Ma troppi erano giunti nel Klondike e troppo pochi erano rimasti a casa.

Men för många hade kommit till Klondike, och för få hade stannat hemma.

Le lettere delle famiglie continuavano ad arrivare, creando pile di posta in ritardo.

Brev från familjer strömmade in, vilket skapade högar av försenad post.

Arrivarono gli ordini ufficiali: i nuovi cani della Hudson Bay avrebbero preso il sopravvento.

Officiella order anlände – nya hundar från Hudson Bay skulle ta över.

I cani esausti, ormai considerati inutili, dovevano essere eliminati.

De utmattade hundarna, nu kallade värdelösa, skulle göras av med.

Poiché i soldi erano più importanti dei cani, venivano venduti a basso prezzo.

Eftersom pengar var viktigare än hundar, skulle de säljas billigt.

Passarono altri tre giorni prima che i cani si accorgessero di quanto fossero deboli.

Tre dagar till gick innan hundarna kände hur svaga de var.

La quarta mattina, due uomini provenienti dagli Stati Uniti acquistarono l'intera squadra.

På den fjärde morgonen köpte två män från staterna hela laget.

La vendita comprendeva tutti i cani e le loro imbracature usate.

Försäljningen omfattade alla hundarna, plus deras begagnade seleutrustning.

Mentre concludevano l'affare, gli uomini si chiamavano tra loro "Hal" e "Charles".

Männen kallade varandra "Hal" och "Charles" när de slutförde affären.

Charles era un uomo di mezza età, pallido, con labbra molli e folti baffi.

Charles var medelålders, blek, med slappa läppar och vildsint mustasch.

Hal era un giovane, forse diciannove anni, che indossava una cintura imbottita di cartucce.

Hal var en ung man, kanske nitton, bar ett patronfyllt bälte.

Nella cintura erano contenuti un grosso revolver e un coltello da caccia, entrambi inutilizzati.

Bältet innehöll en stor revolver och en jaktkniv, båda oanvända.

Dimostrava quanto fosse inesperto e inadatto alla vita nel Nord.

Det visade hur oerfaren och olämplig han var för livet i norr.

Nessuno dei due uomini viveva in natura; la loro presenza sfidava ogni ragionevolezza.

Ingen av männen hörde hemma i vildmarken; deras närvaro trotsade allt förnuft.

Buck osservava lo scambio di denaro tra l'acquirente e l'agente.

Buck tittade på medan pengar utbyttes mellan köpare och mäklare.

Sapeva che i conducenti dei treni postali stavano abbandonando la sua vita come tutti gli altri.

Han visste att postlokomotivförarna lämnade hans liv som alla andra.

Seguirono Perrault e François, ormai scomparsi.

De följde Perrault och François, nu bortom all återkallelse.

Buck e la squadra vennero condotti al disordinato accampamento dei loro nuovi proprietari.

Buck och teamet leddes till sina nya ägares slarviga läger.

La tenda cedeva, i piatti erano sporchi e tutto era in disordine.

Tältet sänkte sig, disken var smutsig och allt låg i oordning.

Anche Buck notò una donna lì: Mercedes, moglie di Charles e sorella di Hal.

Buck lade också märke till en kvinna där – Mercedes, Charles fru och Hals syster.

Formavano una famiglia completa, anche se erano tutt'altro che adatti al sentiero.

De utgjorde en komplett familj, men långt ifrån lämpade för leden.

Buck osservava nervosamente mentre il trio iniziava a impacchettare le provviste.

Buck tittade nervöst på medan trion började packa förnödenheterna.

Lavoravano duro ma senza ordine, solo confusione e sforzi sprecati.

De arbetade hårt men utan ordning – bara ståhej och bortkastad ansträngning.

La tenda era arrotolata fino a formare una sagoma ingombrante, decisamente troppo grande per la slitta.

Tältet var rullat ihop till en klumpig form, alldeles för stort för släden.

I piatti sporchi venivano imballati senza essere stati né lavati né asciugati.

Smutsig disk packades utan att ha rengjorts eller torkats alls.

Mercedes svolazzava in giro, parlando, correggendo e intromettendosi in continuazione.

Mercedes fladdrade omkring, pratade, rättade och lade sig ständigt.

Quando le misero un sacco davanti, lei insistette perché lo mettesse dietro.

När en säck placerades på framsidan insisterade hon på att den skulle placeras på baksidan.

Mise il sacco in fondo e un attimo dopo ne ebbe bisogno.

Hon packade säcken i botten, och i nästa ögonblick behövde hon den.

Quindi la slitta venne disimballata di nuovo per raggiungere quella specifica borsa.

Så packades släden upp igen för att nå den enda specifika väskan.

Lì vicino, tre uomini stavano fuori da una tenda e osservavano la scena che si svolgeva.

I närheten stod tre män utanför ett tält och såg händelsen utspela sig.

Sorrisero, ammiccarono e sogghignarono di fronte all'evidente confusione dei nuovi arrivati.

De log, blinkade och flinade åt nykomlingarnas uppenbara förvirring.

"Hai già un carico parecchio pesante", disse uno degli uomini.

"Du har redan en riktigt tung börda", sa en av männen.

"Non credo che dovresti portare quella tenda, ma la scelta è tua."

"Jag tycker inte att du ska bära det där tältet, men det är ditt val."

"Impensabile!" esclamò Mercedes, alzando le mani in segno di disperazione.

"Odrömt!" ropade Mercedes och slog upp händerna i förtvivlan.

"Come potrei viaggiare senza una tenda sotto cui dormire?"

"Hur skulle jag kunna resa utan ett tält att bo i?"

«È primavera, non vedrai più il freddo», rispose l'uomo.

"Det är vår – du kommer inte att se kallt väder igen", svarade mannen.

Ma lei scosse la testa e loro continuarono ad accumulare oggetti sulla slitta.

Men hon skakade på huvudet, och de fortsatte att stapla saker på släden.

Il carico era pericolosamente alto mentre aggiungevano gli ultimi oggetti.

Bården tornade upp sig farligt högt när de lade till de sista sakerna.

"Pensi che la slitta andrà avanti?" chiese uno degli uomini con aria scettica.

"Tror du att släden kommer att gå?" frågade en av männen med en skeptisk blick.

"E perché non dovrebbe?" ribatté Charles con netto fastidio.

"Varför skulle det inte?" fräste Charles tillbaka med skarp irritation.

"Oh, va bene", disse rapidamente l'uomo, evitando di offendersi.

"Åh, det är okej", sa mannen snabbt och backade undan för att bli förolämpad.

"Mi chiedevo solo: mi sembrava un po' troppo pesante nella parte superiore."

"Jag bara undrade – den såg bara lite för tung ut på toppen för mig."

Charles si voltò e legò il carico meglio che poté.

Charles vände sig bort och band fast lasten så gott han kunde.

Ma le legature erano allentate e l'imballaggio nel complesso era fatto male.

Men surrningarna var lösa och packningen dåligt utförd
överlag.

**"Certo, i cani tireranno così tutto il giorno", disse
sarcasticamente un altro uomo.**

"Visst, hundarna kommer att dra på det där hela dagen", sa en
annan man sarkastiskt.

**«Certamente», rispose Hal freddamente, afferrando il lungo
timone della slitta.**

"Självklart", svarade Hal kallt och grep tag i slädens långa
gee-stång.

**Tenendo una mano sul palo, faceva roteare la frusta
nell'altra.**

Med ena handen på stången svingade han piskan i den andra.

"Andiamo!" urlò. "Muovetevi!", incitando i cani a partire.

"Kom igen!" ropade han. "Flytta på dig!" och manade
hundarna att sätta igång.

**I cani si appoggiarono all'imbracatura e si sforzarono per
qualche istante.**

Hundarna lutade sig in i selen och ansträngde sig i några
ögonblick.

**Poi si fermarono, incapaci di spostare di un centimetro la
slitta sovraccarica.**

Sedan stannade de, oförmögna att röra den överlastade släden
en centimeter.

"Quei fannulloni!" urlò Hal, alzando la frusta per colpirli.

"De lata odjuren!" skrek Hal och lyfte piskan för att slå dem.

**Ma Mercedes si precipitò dentro e strappò la frusta dalle
mani di Hal.**

Men Mercedes rusade in och tog piskan ur Hals händer.

«Oh, Hal, non osare far loro del male», gridò allarmata.

"Åh, Hal, våga inte skada dem", ropade hon förskräckt.

**"Promettimi che sarai gentile con loro, altrimenti non farò un
altro passo."**

"Lova mig att du ska vara snäll mot dem, annars går jag inte
ett steg längre."

"Non sai niente di cani", scattò Hal contro la sorella.

"Du vet ingenting om hundar", fräste Hal åt sin syster.

"Sono pigri e l'unico modo per smuoverli è frustarli."

"De är lata, och det enda sättet att flytta dem är att piska dem."

"Chiedi a chiunque, chiedi a uno di quegli uomini laggiù se dubiti di me."

"Fråga vem som helst – fråga någon av de där männen där borta om du tvivlar på mig."

Mercedes guardò gli astanti con occhi imploranti e pieni di lacrime.

Mercedes tittade på åskådarna med bedjande, tårfyllda ögon.

Il suo viso rivelava quanto odiasse la vista di qualsiasi dolore.

Hennes ansikte visade hur djupt hon avskydde synen av all smärta.

"Sono deboli, tutto qui", ha detto un uomo. "Sono sfiniti."

"De är svaga, det är allt", sa en man. "De är utmattade."

"Hanno bisogno di riposare: hanno lavorato troppo a lungo senza una pausa."

"De behöver vila – de har arbetat för länge utan paus."

«Che il resto sia maledetto», borbottò Hal arricciando il labbro.

"Må resten vara förbannad", muttrade Hal med krökt läpp.

Mercedes sussultò, visibilmente addolorata per le parole volgari pronunciate da lui.

Mercedes kippade efter andan, tydligt smärtad av hans grova ord.

Ciononostante, lei rimase leale e difese immediatamente il fratello.

Ändå förblev hon lojal och försvarade omedelbart sin bror.

"Non badare a quell'uomo", disse ad Hal. "Sono i nostri cani."

"Bry dig inte om den mannen", sa hon till Hal. "De är våra hundar."

"Li guidi come meglio credi: fai ciò che ritieni giusto."

"Du kör dem som du tycker passar – gör vad du anser vara rätt."

Hal sollevò la frusta e colpì di nuovo i cani senza pietà.

Hal höjde piskan och slog hundarna igen utan nåd.

Si lanciarono in avanti, con i corpi bassi e i piedi che affondavano nella neve.

De kastade sig framåt, med kropparna lågt nedböjda och fötterna nedtryckta i snön.

Tutta la loro forza era concentrata nel traino, ma la slitta non si muoveva.

All deras kraft gick åt till att dra, men släden rörde sig inte.

La slitta rimase bloccata, come un'ancora congelata nella neve compatta.

Kälken satt fast, som ett ankare som frusit fast i den packade snön.

Dopo un secondo tentativo, i cani si fermarono di nuovo, ansimando forte.

Efter en andra ansträngning stannade hundarna igen, flåsande häftigt.

Hal sollevò di nuovo la frusta, proprio mentre Mercedes interferiva di nuovo.

Hal höjde piskan ännu en gång, just som Mercedes ingrep igen.

Si lasciò cadere in ginocchio davanti a Buck e gli abbracciò il collo.

Hon föll ner på knä framför Buck och kramade hans hals.

Le lacrime le riempivano gli occhi mentre implorava il cane esausto.

Tårar fyllde hennes ögon när hon vädjade till den utmattade hunden.

"Poveri cari", disse, "perché non tirate più forte?"

"Ni stackars kära", sa hon, "varför drar ni inte bara hårdare?"

"Se tiri, non verrai frustato così."

"Om du drar, så slipper du bli piskad så här."

A Buck non piaceva Mercedes, ma ormai era troppo stanco per resisterle.

Buck ogillade Mercedes, men han var för trött för att göra motstånd mot henne nu.

Lui accettò le sue lacrime come se fossero solo un'altra parte di quella giornata miserabile.

Han accepterade hennes tårar som bara ytterligare en del av den eländiga dagen.

Uno degli uomini che osservavano, dopo aver represso la rabbia, finalmente parlò.

En av männen som tittade på talade äntligen efter att ha hållit tillbaka sin ilska.

"Non mi interessa cosa succede a voi, ma quei cani sono importanti."

"Jag bryr mig inte om vad som händer med er, men de där hundarna spelar roll."

"Se vuoi aiutare, stacca quella slitta: è ghiacciata e innevata."

"Om du vill hjälpa till, bryt loss den där släden – den är fastfrusen."

"Spingi con forza il palo della luce, a destra e a sinistra, e rompi il sigillo di ghiaccio."

"Tryck hårt på isstången, till höger och vänster, och bryt istätningen."

Fu fatto un terzo tentativo, questa volta seguendo il suggerimento dell'uomo.

Ett tredje försök gjordes, den här gången efter mannens förslag.

Hal fece oscillare la slitta da una parte all'altra, facendo staccare i pattini.

Hal gungade släden från sida till sida och lossade medarna.

La slitta, benché sovraccarica e scomoda, alla fine sobbalzò in avanti.

Kälken, fastän överlastad och otymplig, ryckte slutligen framåt.

Buck e gli altri tirarono selvaggiamente, spinti da una tempesta di frustate.

Buck och de andra drog vilt, drivna av en storm av pisksnärtskor.

Un centinaio di metri più avanti, il sentiero curvava e scendeva in pendenza verso la strada.

Hundra meter framåt slingrade sig stigen och sluttade ner i gatan.

Ci sarebbe voluto un guidatore esperto per tenere la slitta in posizione verticale.

Det skulle ha krävts en skicklig förare för att hålla släden upprätt.

Hal non era abile e la slitta si ribaltò mentre svoltava.

Hal var inte skicklig, och släden tippade när den svängde runt kurvan.

Le cinghie allentate cedettero e metà del carico si rovesciò sulla neve.

Lösa surrningar gav vika, och hälften av lasten spilldes ut på snön.

I cani non si fermarono; la slitta più leggera continuò a procedere su un fianco.

Hundarna stannade inte; den lättare släden flög fram på sidan.

I cani, furiosi per i maltrattamenti e per il peso del carico, corsero più veloci.

Ilska över misshandeln och den tunga bördan sprang hundarna snabbare.

Buck, infuriato, si lanciò a correre, seguito dalla squadra.

Buck, i raseri, började springa, med spannet efter.

Hal urlò "Whoa! Whoa!" ma la squadra non gli prestò attenzione.

Hal ropade "Whoa! Whoa!" men teamet brydde sig inte om honom.

Inciampò, cadde e fu trascinato a terra dall'imbracatura.

Han snubblade, föll och släpades längs marken i selen.

La slitta rovesciata lo travolse mentre i cani continuavano a correre avanti.

Den omkullvälta släden stötte över honom medan hundarna rusade vidare.

Il resto delle provviste è sparso lungo la trafficata strada di Skaguay.

Resten av förnödenheterna spreds över Skaguays livliga gata.

Le persone di buon cuore si precipitarono a fermare i cani e a raccogliere l'attrezzatura.

Vänliga människor skyndade sig för att stoppa hundarna och samla ihop utrustningen.

Diedero anche consigli schietti e pratici ai nuovi viaggiatori.

De gav också råd, raka och praktiska, till de nya resenärerna.

"Se vuoi raggiungere Dawson, prendi metà del carico e raddoppia i cani."

"Om du vill nå Dawson, ta halva lasten och dubbla antalet hundar."

Hal, Charles e Mercedes ascoltarono, anche se non con entusiasmo.

Hal, Charles och Mercedes lyssnade, men inte med entusiasm.

Montarono la tenda e cominciarono a sistemare le loro provviste.

De slog upp sitt tält och började sortera sina förnödenheter.

Ne uscirono dei cibi in scatola, che fecero ridere a crepapelle gli astanti.

Ut kom konserver, vilket fick åskådarna att skratta högt.

"Roba in scatola sul sentiero? Morirai di fame prima che si sciolga", disse uno.

"Konserver på leden? Du kommer att svälta innan det smälter", sa en av dem.

"Coperte d'albergo? Meglio buttarle via tutte."

"Hotellfiltar? Det är bättre att slänga ut dem alla."

"Togli anche la tenda e qui nessuno laverà più i piatti."

"Släng tältet också, så diskar ingen här."

"Pensi di viaggiare su un treno Pullman con dei servitori a bordo?"

"Tror du att du åker Pullman-tåg med tjänare ombord?"

Il processo ebbe inizio: ogni oggetto inutile venne gettato da parte.

Processen började – varje onödigt föremål kastades åt sidan.

Mercedes pianse quando le sue borse furono svuotate sul terreno innevato.

Mercedes grät när hennes väskor tömdes på den snötäckta marken.

Singhiozzava per ogni oggetto buttato via, uno per uno, senza sosta.

Hon snyftade över varje föremål som kastades ut, ett efter ett, utan uppehåll.

Giurò di non fare un altro passo, nemmeno per dieci
Charles.

Hon svor att inte gå ett steg till – inte ens för tio karlar.

Pregò ogni persona vicina di lasciarle conservare le sue cose
preziose.

Hon bad alla i närheten att låta henne behålla sina dyrbara
saker.

Alla fine si asciugò gli occhi e cominciò a gettare via anche i
vestiti più importanti.

Till slut torkade hon sig om ögonen och började slänga även
viktiga kläder.

Una volta terminato il suo, cominciò a svuotare le scorte
degli uomini.

När hon var klar med sina egna började hon tömma männens
förnödenheter.

Come un turbine, fece a pezzi gli effetti personali di Charles
e Hal.

Som en virvelvind slet hon sig igenom Charles och Hals
tillhörigheter.

Sebbene il carico fosse dimezzato, era comunque molto più
pesante del necessario.

Även om lasten halverades var den fortfarande mycket tyngre
än vad som behövdes.

Quella notte, Charles e Hal uscirono e comprarono sei nuovi
cani.

Den kvällen gick Charles och Hal ut och köpte sex nya
hundar.

Questi nuovi cani si unirono ai sei originali, più Teek e
Koona.

Dessa nya hundar anslöt sig till de ursprungliga sex, plus Teek
och Koona.

Insieme formarono una squadra di quattordici cani attaccati
alla slitta.

Tillsammans bildade de ett spann på fjorton hundar spända
för släden.

Ma i nuovi cani erano inadatti e poco addestrati per il lavoro
con la slitta.

Men de nya hundarna var olämpliga och dåligt tränade för slädarbete.

Tre dei cani erano cani da caccia a pelo corto, mentre uno era un Terranova.

Tre av hundarna var korthåriga pointers, och en var en newfoundland.

Gli ultimi due cani erano meticci senza alcuna razza o scopo ben definito.

De två sista hundarna var muttar utan någon tydlig ras eller syfte alls.

Non capivano il percorso e non lo imparavano in fretta.

De förstod inte leden, och de lärde sig den inte snabbt.

Buck e i suoi compagni li osservavano con disprezzo e profonda irritazione.

Buck och hans kamrater iakttog dem med hån och djup irritation.

Sebbene Buck insegnasse loro cosa non fare, non poteva insegnare loro il dovere.

Även om Buck lärde dem vad de inte skulle göra, kunde han inte lära dem plikt.

Non amavano la vita sui sentieri né la trazione delle redini e delle slitte.

De trivdes inte med livet på spåren eller dragandet i tyglar och slädar.

Soltanto i bastardi cercarono di adattarsi, e anche a loro mancava lo spirito combattivo.

Endast blandraserna försökte anpassa sig, och även de saknade kampanda.

Gli altri cani erano confusi, indeboliti e distrutti dalla loro nuova vita.

De andra hundarna var förvirrade, försvagade och trasiga av sitt nya liv.

Con i nuovi cani all'oscuro e i vecchi esausti, la speranza era flebile.

Med de nya hundarna utan aning och de gamla utmattade var hoppet tunt.

La squadra di Buck aveva percorso duemilacinquecento miglia di sentiero accidentato.

Bucks team hade tillryggalagt tjugofemhundra mil av karg stig.

Ciononostante, i due uomini erano allegri e orgogliosi della loro grande squadra di cani.

Ändå var de två männen glada och stolta över sitt stora hundspann.

Pensavano di viaggiare con stile, con quattordici cani al seguito.

De tyckte att de reste med stil, med fjorton hundar kopplade.

Avevano visto delle slitte partire per Dawson e altre arrivarne.

De hade sett slädar avgå till Dawson, och andra anlända därifrån.

Ma non ne avevano mai vista una trainata da ben quattordici cani.

Men aldrig hade de sett en dragen av så många som fjorton hundar.

C'era un motivo per cui squadre del genere erano rare nelle terre selvagge dell'Artico.

Det fanns en anledning till att sådana lag var sällsynta i den arktiska vildmarken.

Nessuna slitta poteva trasportare cibo sufficiente a sfamare quattordici cani per l'intero viaggio.

Ingen släde kunde bära tillräckligt med mat för att föda fjorton hundar under resan.

Ma Charles e Hal non lo sapevano: avevano fatto i calcoli.

Men Charles och Hal visste inte det – de hade räknat ut det.

Hanno pianificato la razione di cibo: una certa quantità per cane, per un certo numero di giorni, fatta.

De skrev ut maten med blyertspenna: så mycket per hund, så många dagar, klart.

Mercedes guardò i numeri e annuì come se avessero senso.

Mercedes tittade på deras siffror och nickade som om det lät logiskt.

Tutto le sembrava molto semplice, almeno sulla carta.

Allt verkade väldigt enkelt för henne, åtminstone på pappret.

La mattina seguente, Buck guidò lentamente la squadra lungo la strada innevata.
Nästa morgon ledde Buck teamet långsamt uppför den snötäckta gatan.

Non c'era né energia né spirito in lui e nei cani dietro di lui.
Det fanns ingen energi eller anda i honom eller hundarna bakom honom.

Erano stanchi morti fin dall'inizio: non avevano più riserve.
De var dödströtta från början – det fanns ingen reserv kvar.

Buck aveva già fatto quattro viaggi tra Salt Water e Dawson.
Buck hade redan gjort fyra resor mellan Salt Water och Dawson.

Ora, di fronte alla stessa pista, non provava altro che amarezza.
Nu, inför samma spår igen, kände han inget annat än bitterhet.

Il suo cuore non c'era, e nemmeno quello degli altri cani.
Hans hjärta var inte med i det, och inte heller de andra hundarnas hjärtan.

I nuovi cani erano timidi e gli husky non si fidavano per niente.
De nya hundarna var blyga, och huskyerna saknade all förtroende.

Buck capì che non poteva fare affidamento su quei due uomini o sulla loro sorella.
Buck kände att han inte kunde lita på dessa två män eller deras syster.

Non sapevano nulla e non mostravano alcun segno di apprendimento lungo il percorso.
De visste ingenting och visade inga tecken på att ha lärt sig under resans gång.

Erano disorganizzati e privi di qualsiasi senso di disciplina.
De var oorganiserade och saknade all disciplin.

Ogni volta impiegavano metà della notte per allestire un accampamento malmesso.

Det tog dem halva natten att slå upp ett slarvigt läger varje gång.

E metà della mattina successiva la trascorsero di nuovo armeggiando con la slitta.

Och halva nästa morgon tillbringade de med att fumla med släden igen.

Spesso a mezzogiorno si fermavano solo per sistemare il carico irregolare.

Vid middagstid stannade de ofta bara för att laga den ojämna lasten.

In alcuni giorni percorsero meno di dieci miglia in totale.

Vissa dagar reste de mindre än tio mil totalt.

Altri giorni non riuscivano proprio ad abbandonare l'accampamento.

Andra dagar lyckades de inte lämna lägret alls.

Non sono mai riusciti a coprire la distanza alimentare prevista.

De kom aldrig i närheten av att täcka den planerade matdistansen.

Come previsto, il cibo per i cani finì molto presto.

Som väntat fick de snabbt ont om mat till hundarna.

Nei primi tempi hanno peggiorato ulteriormente la situazione con l'eccesso di cibo.

De förvärrade saken genom att övermata dem i början.

Ciò rendeva la carestia sempre più vicina, con ogni razione disattenta.

Detta förde svälten närmare med varje slarvig ranson.

I nuovi cani non avevano ancora imparato a sopravvivere con molto poco.

De nya hundarna hade inte lärt sig att överleva på särskilt lite.

Mangiarono avidamente, con un appetito troppo grande per il sentiero.

De åt hungrigt, med aptit för stor för leden.

Vedendo i cani indebolirsi, Hal pensò che il cibo non fosse sufficiente.

När Hal såg hundarna försvagas trodde han att maten inte räckte till.

Raddoppiò le razioni, peggiorando ulteriormente l'errore.
Han fördubblade ransonerna, vilket gjorde misstaget ännu värre.

Mercedes aggravò il problema con le sue lacrime e le sue suppliche sommesse.
Mercedes förvärrade problemet med tårar och mjuka vädjanden.

Quando non riuscì a convincere Hal, diede da mangiare ai cani di nascosto.
När hon inte kunde övertyga Hal, matade hon hundarna i hemlighet.

Rubò il pesce dai sacchi e glielo diede alle spalle.
Hon stal från fisksäckarna och gav det till dem bakom hans rygg.

Ma ciò di cui i cani avevano veramente bisogno non era altro cibo: era riposo.
Men vad hundarna verkligen behövde var inte mer mat – det var vila.

Nonostante la loro scarsa velocità, la pesante slitta continuava a procedere.
De hade dålig tid, men den tunga släden släpade sig fortfarande framåt.

Quel peso da solo esauriva ogni giorno le loro forze rimanenti.
Bara den vikten tömde deras återstående styrka varje dag.

Poi arrivò la fase della sottoalimentazione, quando le scorte scarseggiavano.
Sedan kom stadiet av undernäring när tillgångarna började ta slut.

Una mattina Hal si accorse che metà del cibo per cani era già finito.
Hal insåg en morgon att hälften av hundmaten redan var slut.

Avevano percorso solo un quarto della distanza totale del sentiero.
De hade bara tillryggalagt en fjärdedel av den totala sträckan.

Non si poteva più comprare cibo, a qualunque prezzo.
Ingen mer mat kunde köpas, oavsett vilket pris som erbjöds.

Ridusse le porzioni dei cani al di sotto della razione giornaliera standard.

Han minskade hundarnas portioner under den vanliga dagliga ransonen.

Allo stesso tempo, chiese di viaggiare più a lungo per compensare la perdita.

Samtidigt krävde han längre resor för att kompensera för förlusten.

Mercedes e Charles appoggiarono questo piano, ma fallirono nella sua realizzazione.

Mercedes och Charles stödde denna plan, men misslyckades med genomförandet.

La loro pesante slitta e la mancanza di abilità rendevano il progresso quasi impossibile.

Deras tunga släde och brist på skicklighet gjorde framsteg nästan omöjliga.

Era facile dare meno cibo, ma impossibile forzare uno sforzo maggiore.

Det var lätt att ge mindre mat, men omöjligt att tvinga fram mer ansträngning.

Non potevano partire prima, né viaggiare per ore extra.

De kunde inte börja tidigt, och de kunde inte heller resa i extra timmar.

Non sapevano come gestire i cani, e nemmeno loro stessi, a dire il vero.

De visste inte hur man skulle arbeta med hundarna, och inte heller sig själva för den delen.

Il primo cane a morire fu Dub, lo sfortunato ma laborioso ladro.

Den första hunden som dog var Dub, den olycklige men hårt arbetande tjuven.

Sebbene spesso punito, Dub aveva fatto la sua parte senza lamentarsi.

Även om Dub ofta blev straffad, hade han klarat sitt strå utan att klaga.

La sua spalla ferita peggiorò se non ricevette cure adeguate e non ebbe bisogno di riposo.

Hans skadade axel förvärrades utan vård eller behövde vila.

Alla fine, Hal usò la pistola per porre fine alle sofferenze di Dub.

Slutligen använde Hal revolvern för att få slut på Dubs lidande.

Un detto comune afferma che i cani normali muoiono se vengono nutriti con razioni di husky.

Ett vanligt talesätt hävdade att vanliga hundar dör på huskyransoner.

I sei nuovi compagni di Buck avevano ricevuto solo metà della quota di cibo riservata all'husky.

Bucks sex nya följeslagare fick bara hälften av huskyens andel av mat.

Il Terranova morì per primo, seguito dai tre cani da caccia a pelo corto.

Newfoundländaren dog först, sedan de tre korthåriga pointerarna.

I due bastardi resistettero più a lungo ma alla fine morirono come gli altri.

De två blandraserna höll ut längre men omkom slutligen liksom de andra.

Ormai tutti i comfort e la gentilezza del Southland erano scomparsi.

Vid det här laget var alla bekvämligheter och den vänliga atmosfären i Southland borta.

Le tre persone avevano perso le ultime tracce della loro educazione civile.

De tre personerna hade lagt de sista spåren av sin civiliserade uppväxt ifrån sig.

Spogliato di glamour e romanticismo, il viaggio nell'Artico è diventato brutalmente reale.

Utan glamour och romantik blev resor i Arktis brutalt verkliga.

Era una realtà troppo dura per il loro senso di virilità e femminilità.

Det var en verklighet som var alltför hård för deras känsla av manlighet och kvinnlighet.

Mercedes non piangeva più per i cani, ma piangeva solo per se stessa.

Mercedes grät inte längre över hundarna, utan grät nu bara över sig själv.

Trascorreva il tempo piangendo e litigando con Hal e Charles.

Hon tillbringade sin tid med att gråta och gräla med Hal och Charles.

Litigare era l'unica cosa per cui non si stancavano mai.

Att gräla var det enda de aldrig var för trötta för att göra.

La loro irritabilità derivava dalla miseria, cresceva con essa e la superava.

Deras irritabilitet kom från eländet, växte med det och överträffade det.

La pazienza del cammino, nota a coloro che faticano e soffrono con generosità, non è mai arrivata.

Tålamodet på stigen, känt för dem som sliter och lider vänligt, kom aldrig.

Quella pazienza che rende dolce la parola nonostante il dolore, era a loro sconosciuta.

Det tålamod, som håller talet sött trots smärta, var okänt för dem.

Non avevano alcun briciolo di pazienza, nessuna forza derivante dalla sofferenza con grazia.

De hade ingen tillstymmelse till tålamod, ingen styrka hämtad från lidande med nåd.

Erano irrigiditi dal dolore: dolori nei muscoli, nelle ossa e nel cuore.

De var stela av smärta – värkande i muskler, ben och hjärtan.

Per questo motivo, divennero taglienti nella lingua e pronti a pronunciare parole dure.

På grund av detta blev de skarpa i tungan och snabba med hårda ord.

Ogni giorno iniziava e finiva con voci arrabbiate e lamentele amare.

Varje dag började och slutade med ilskna röster och bittra klagomål.

Charles e Hal litigavano ogni volta che Mercedes ne dava loro l'occasione.

Charles och Hal bråkade närhelst Mercedes gav dem en chans.

Ogni uomo credeva di aver fatto più del dovuto.

Varje man trodde att han gjorde mer än sin rättmätiga del av arbetet.

Nessuno dei due ha mai perso l'occasione di dirlo, ancora e ancora.

Ingen av dem missade någonsin en chans att säga det, om och om igen.

A volte Mercedes si schierava con Charles, a volte con Hal.

Ibland ställde Mercedes sig på Charles sida, ibland på Hals sida.

Ciò portò a una grande e infinita lite tra i tre.

Detta ledde till ett storslaget och oändligt gräl mellan de tre.

La disputa su chi dovesse tagliare la legna da ardere divenne incontrollabile.

En tvist om vem som skulle hugga ved växte överstyr.

Ben presto vennero nominati padri, madri, cugini e parenti defunti.

Snart namngavs fäder, mödrar, kusiner och avlidna släktingar.

Le opinioni di Hal sull'arte o sulle opere teatrali di suo zio divennero parte della lotta.

Hals åsikter om konst eller hans farbrors pjäser blev en del av kampen.

Anche le convinzioni politiche di Carlo entrarono nel dibattito.

Charles politiska övertygelser kom också in i debatten.

Per Mercedes, perfino i pettegolezzi della sorella del marito sembravano rilevanti.

För Mercedes verkade till och med hennes mans systers skvaller relevanta.

Espresse la sua opinione su questo e su molti dei difetti della famiglia di Charles.

Hon luftade åsikter om det och om många av Charles familjs brister.

Mentre discutevano, il fuoco rimase spento e l'accampamento mezzo allestito.

Medan de grälade förblev elden släckt och lägret halvfärdigt.

Nel frattempo i cani erano rimasti infreddoliti e senza cibo.

Under tiden förblev hundarna kalla och utan mat.

Mercedes nutriva un risentimento che considerava profondamente personale.

Mercedes hade ett klagomål som hon ansåg vara djupt personligt.

Si sentiva maltrattata in quanto donna e le venivano negati i suoi gentili privilegi.

Hon kände sig illa behandlad som kvinna, nekad sina vänliga privilegier.

Era carina e gentile, e per tutta la vita era stata abituata alla cavalleria.

Hon var vacker och mjuk, och van vid ridderlighet hela sitt liv.

Ma suo marito e suo fratello ora la trattavano con impazienza.

Men hennes man och bror behandlade henne nu med otålighet.

Aveva l'abitudine di comportarsi in modo impotente e loro cominciarono a lamentarsi.

Hennes vana var att bete sig hjälplös, och de började klaga.

Offesa da ciò, rese loro la vita ancora più difficile.

Kränkt av detta gjorde hon deras liv ännu svårare.

Ignorò i cani e insistette per guidare lei stessa la slitta.

Hon ignorerade hundarna och insisterade på att åka släde själv.

Sebbene sembrasse esile, pesava centoventi libbre (circa quaranta chili).

Även om hon var lätt till utseendet vägde hon 45 kilo.

Quel peso aggiuntivo era troppo per i cani affamati e deboli.

Den extra bördan var för mycket för de svältande, svaga hundarna.

Nonostante ciò, continuò a cavalcare per giorni, finché i cani non crollarono nelle redini.

Ändå red hon i dagar, tills hundarna kollapsade i tyglarna.

La slitta si fermò e Charles e Hal la implorarono di proseguire a piedi.

Släden stod stilla, och Charles och Hal bad henne att gå.

Loro la implorarono e la scongiurarono, ma lei pianse e li definì crudeli.

De vädjade och bönföll, men hon grät och kallade dem grymma.

In un'occasione, la tirarono giù dalla slitta con pura forza e rabbia.

Vid ett tillfälle drog de henne av släden med ren kraft och ilska.

Dopo quello che accadde quella volta non ci riprovarono più.

De försökte aldrig igen efter det som hände den gången.

Si accasciò come una bambina viziata e si sedette nella neve.

Hon slapp som ett bortskämt barn och satte sig i snön.

Continuarono a muoversi, ma lei si rifiutò di alzarsi o di seguirli.

De gick vidare, men hon vägrade att resa sig eller följa efter.

Dopo tre miglia si fermarono, tornarono indietro e la riportarono indietro.

Efter tre mil stannade de, återvände och bar henne tillbaka.

La ricaricarono sulla slitta, usando ancora una volta la forza bruta.

De lastade henne om på släden, återigen med råstyrka.

Nella loro profonda miseria, erano insensibili alla sofferenza dei cani.

I sin djupa elände var de okänsliga för hundarnas lidande.

Hal credeva che fosse necessario indurirsi e impose questa convinzione agli altri.

Hal trodde att man måste förhärdas och tvingade den tron på andra.

Inizialmente ha cercato di predicare la sua filosofia a sua sorella

Han försökte först predika sin filosofi för sin syster

e poi, senza successo, predicò al cognato.

och sedan, utan framgång, predikade han för sin svåger.
Ebbe più successo con i cani, ma solo perché li ferì.
Han hade större framgång med hundarna, men bara för att han skadade dem.
Da Five Fingers, il cibo per cani è rimasto completamente vuoto.
På Five Fingers tog hundmaten slut helt.
Una vecchia squaw sdentata vendette qualche chilo di pelle di cavallo congelata
En tandlös gammal squat sålde några kilo fryst hästskinn
Hal scambiò la sua pistola con la pelle di cavallo secca.
Hal bytte sin revolver mot det torkade hästskinnet.
La carne proveniva dai cavalli affamati di allevatori di bovini, morti mesi prima.
Köttet hade kommit från svältande hästar eller boskapsuppfödare månader tidigare.
Congelata, la pelle era come ferro zincato: dura e immangiabile.
Fryst var huden som galvaniserat järn; seg och oätlig.
Per riuscire a mangiarla, i cani dovevano masticare la pelle senza sosta.
Hundarna var tvungna att tugga oavbrutet på skinnet för att äta det.
Ma le corde coriacee e i peli corti non erano certo un nutrimento.
Men de läderartade strängarna och det korta håret var knappast näring.
La maggior parte della pelle era irritante e non era cibo in senso stretto.
Det mesta av huden var irriterande, och inte mat i någon egentlig bemärkelse.
E nonostante tutto, Buck barcollava davanti a tutti, come in un incubo.
Och genom alltihop stapplade Buck framme, som i en mardröm.
Quando poteva, tirava; quando non poteva, restava lì finché non veniva sollevato dalla frusta o dal bastone.

Han drog när han kunde; när han inte kunde, låg han kvar
tills piska eller klubba lyfte honom.

**Il suo pelo fine e lucido aveva perso tutta la rigidità e la
lucentezza di un tempo.**

Hans fina, glansiga päls hade förlorat all stelhet och glans den
en gång haft.

**I suoi capelli erano flosci, spettinati e pieni di sangue
rappreso a causa dei colpi.**

Hans hår hängde slappt, släpigt och koagulerat av torkat blod
från slagen.

**I suoi muscoli si ridussero a midolli e i cuscinetti di carne
erano tutti consumati.**

Hans muskler krympte till strängar, och hans köttytor var alla
slitna bort.

**Ogni costola, ogni osso erano chiaramente visibili attraverso
le pieghe della pelle rugosa.**

Varje revben, varje ben syntes tydligt genom vecken av rynkig
hud.

Fu straziante, ma il cuore di Buck non riuscì a spezzarsi.

Det var hjärtskärande, men Bucks hjärta kunde inte krossas.

**L'uomo con il maglione rosso lo aveva testato e dimostrato
molto tempo prima.**

Mannen i den röda tröjan hade testat det och bevisat det för
länge sedan.

**Così come accadde a Buck, accadde anche a tutti i suoi
compagni di squadra rimasti.**

Som det var med Buck, så var det med alla hans återstående
lagkamrater.

**Ce n'erano sette in totale, ognuno uno scheletro ambulante
di miseria.**

Det var sju totalt, var och en ett vandrande skelett av elände.

**Erano diventati insensibili alle fruste e sentivano solo un
dolore distante.**

De hade blivit avdomnade för att kunna piska och kände bara
avlägsen smärta.

**Anche la vista e i suoni li raggiungevano debolmente, come
attraverso una fitta nebbia.**

Till och med syn och ljud nådde dem svagt, som genom en tjock dimma.

Non erano mezzi vivi: erano ossa con deboli scintille al loro interno.

De var inte halvt levande – de var ben med svaga gnistor inuti.

Una volta fermati, crollarono come cadaveri, con le scintille quasi del tutto spente.

När de stannade kollapsade de som lik, deras gnistor nästan borta.

E quando la frusta o il bastone colpivano di nuovo, le scintille sfarfallavano debolmente.

Och när piskan eller klubban slog till igen, fladdrade gnistorna svagt.

Poi si alzarono, barcollarono in avanti e trascinarono le loro membra in avanti.

Sedan reste de sig, stapplade framåt och släpade sina lemmar framåt.

Un giorno il gentile Billee cadde e non riuscì più a rialzarsi.

En dag föll den snälle Billee och kunde inte längre resa sig alls.

Hal aveva scambiato la sua pistola con quella di Billee, così decise di ucciderla con un'ascia.

Hal hade bytt bort sin revolver, så han använde en yxa för att döda Billee istället.

Lo colpì alla testa, poi gli tagliò il corpo e lo trascinò via.

Han slog honom i huvudet, skar sedan loss hans kropp och släpade bort den.

Buck se ne accorse, e così fecero anche gli altri: sapevano che la morte era vicina.

Buck såg detta, och det gjorde även de andra; de visste att döden var nära.

Il giorno dopo Koona se ne andò, lasciando solo cinque cani nel gruppo affamato.

Nästa dag åkte Koona och lämnade bara fem hundar i det svältande spannet.

Joe, non più cattivo, era ormai troppo fuori di sé per rendersi conto di nulla.

Joe, inte längre elak, var för långt borta för att vara medveten om särskilt mycket alls.

Pike, ormai non fingeva più di essere ferito, era appena cosciente.

Pike, som inte längre fejkade sin skada, var knappt medveten.

Solleks, ancora fedele, si rammaricava di non avere più la forza di dare.

Solleks, fortfarande trogen, sörjde att han inte hade någon styrka att ge.

Teek fu battuto più di tutti perché era più fresco, ma stava calando rapidamente.

Teek blev mest slagen för att han var fräschare, men tynade bort snabbt.

E Buck, ancora in testa, non mantenne più l'ordine né lo fece rispettare.

Och Buck, fortfarande i ledningen, höll inte längre ordningen eller upprätthöll den.

Mezzo accecato dalla debolezza, Buck seguì la pista solo a tentoni.

Halvblind av svaghet följde Buck spåret ensam på känslan.

Era una bellissima primavera, ma nessuno di loro se ne accorse.

Det var vackert vårväder, men ingen av dem märkte det.

Ogni giorno il sole sorgeva prima e tramontava più tardi.

Varje dag gick solen upp tidigare och ner senare än tidigare.

Alle tre del mattino era già spuntata l'alba; il crepuscolo durò fino alle nove.

Vid tre på morgonen hade gryningen kommit; skymningen varade till nio.

Le lunghe giornate erano illuminate dal sole primaverile.

De långa dagarna var fyllda av vårsolens fulla strålar.

Il silenzio spettrale dell'inverno si era trasformato in un caldo mormorio.

Vinterns spöklika tystnad hade förvandlats till ett varmt sorl.

Tutta la terra si stava svegliando, animata dalla gioia degli esseri viventi.

Hela landet vaknade, levande av glädjen över levande varelser.

Il suono proveniva da ciò che era rimasto morto e immobile per tutto l'inverno.

Ljudet kom från det som hade legat dött och stilla genom vintern.

Ora quelle cose si mossero di nuovo, scrollandosi di dosso il lungo sonno del gelo.

Nu rörde sig de där sakerna igen och skakade av sig den långa frostsömnen.

La linfa saliva attraverso i tronchi scuri dei pini in attesa.

Sav steg upp genom de mörka stammarna på de väntande tallarna.

Salici e pioppi tremuli fanno sbocciare giovani gemme luminose su ogni ramoscello.

Pil och aspar slår ut ljusa unga knoppar på varje kvist.

Arbusti e viti si tingono di un verde fresco mentre il bosco si anima.

Buskar och vinrankor fick frisk grönska när skogen vaknade till liv.

Di notte i grilli cantavano e di giorno gli insetti strisciavano nella luce del sole.

Syrsor kvittrade på natten, och insekter kröp i dagsljussolen.

Le pernici gridavano e i picchi picchiavano in profondità tra gli alberi.

Rapphöns dundrade, och hackspettar knackade djupt uppe i träden.

Gli scoiattoli chiacchieravano, gli uccelli cantavano e le oche starnazzavano per richiamare l'attenzione dei cani.

Ekorrar kvittrade, fåglar sjöng och gäss tutade över hundarna.

Gli uccelli selvatici arrivavano a cunei affilati, volando in alto da sud.

Vildfåglarna kom i vassa flockar, flygande upp från söder.

Da ogni pendio giungeva la musica di ruscelli nascosti e impetuosi.

Från varje sluttning hördes musiken från dolda, forsande bäckar.

Tutto si scongelava e si spezzava, si piegava e ricominciava a muoversi.

Allt tinade och brast av, böjde sig och började röra sig igen.

Lo Yukon si sforzò di spezzare le fredde catene del ghiaccio ghiacciato.

Yukon ansträngde sig för att bryta den frusna isens kalla kedjor.

Il ghiaccio si scioglieva sotto, mentre il sole lo scioglieva dall'alto.

Isen smälte under, medan solen smälte den ovanifrån.

Si aprirono dei buchi, si allargarono delle crepe e dei pezzi caddero nel fiume.

Lufthål öppnades, sprickor spred sig och bitar föll ner i floden.

In mezzo a tutta questa vita sfrenata e sfrenata, i viaggiatori barcollavano.

Mitt i allt detta sprudlande och flammande liv vacklade resenärerna.

Due uomini, una donna e un branco di husky camminavano come morti.

Två män, en kvinna och ett flock huskyer gick som döda.

I cani cadevano, Mercedes piangeva, ma continuava a guidare la slitta.

Hundarna föll, Mercedes grät, men åkte fortfarande släden.

Hal imprecò debolmente e Charles sbatté le palpebre con gli occhi lacrimanti.

Hal svor svagt, och Charles blinkade genom tårfyllda ögon.

Si imbatterono nell'accampamento di John Thornton, nei pressi della foce del White River.

De snubblade in i John Thorntons läger vid White Rivers mynning.

Quando si fermarono, i cani caddero a terra, come se fossero stati tutti colpiti a morte.

När de stannade föll hundarna platt, som om alla hade slagit döda.

Mercedes si asciugò le lacrime e guardò John Thornton.

Mercedes torkade tårarna och tittade bort på John Thornton.

Charles si sedette su un tronco, lentamente e rigidamente, dolorante per il sentiero.

Charles satt långsamt och stelt på en stock, värkande av stigen.

Hal parlava mentre Thornton intagliava l'estremità del manico di un'ascia.

Hal skötte snacket medan Thornton högg ut änden av ett yxskaft.

Tagliò il legno di betulla e rispose con frasi brevi e decise.

Han täljde björkved och svarade med korta, bestämda svar.

Quando gli veniva chiesto, dava un consiglio, certo che non sarebbe stato seguito.

När han blev tillfrågad gav han råd, säker på att de inte skulle följas.

Hal spiegò: "Ci avevano detto che il ghiaccio lungo la pista si stava staccando".

Hal förklarade: "De sa att isen på leden höll på att försvinna."

"Ci avevano detto che dovevamo restare fermi, ma siamo arrivati a White River."

"De sa att vi skulle stanna kvar – men vi kom fram till White River."

Concluse con un tono beffardo, come per cantare vittoria nelle difficoltà.

Han avslutade med en hånfull ton, som för att utkräva seger i nöden.

"E ti hanno detto la verità", rispose John Thornton a bassa voce ad Hal.

"Och de sa sanningen", svarade John Thornton tyst till Hal.

"Il ghiaccio potrebbe cedere da un momento all'altro: è pronto a staccarsi."

"Isen kan ge vika när som helst – den är redo att falla ur."

"Solo la fortuna cieca e gli sciocchi avrebbero potuto arrivare vivi fin qui."

"Bara blind tur och dårar kunde ha klarat sig så här långt med livet i behåll."

"Te lo dico senza mezzi termini: non rischierei la vita per tutto l'oro dell'Alaska."

"Jag säger dig ärligt, jag skulle inte riskera mitt liv för allt Alaskas guld."

"Immagino che tu non sia uno stupido", rispose Hal.

"Det är för att du inte är en dåre, antar jag", svarade Hal.

"Comunque, andiamo avanti con Dawson." Srotolò la frusta.

"I alla fall går vi vidare till Dawson." Han rullade ut sin piska.

"Sali, Buck! Ehi! Alzati! Forza!" urlò con voce roca.

"Upp dit, Buck! Hej! Upp! Kom igen!" ropade han barskt.

Thornton continuò a intagliare, sapendo che gli sciocchi non volevano sentire ragioni.

Thornton fortsatte att snickra, i vetskap om att dårar inte lyssnar på förnuft.

Fermare uno stupido era inutile, e due o tre stupidi non cambiavano nulla.

Att stoppa en dåre var meningslöst – och två eller tre lurade förändrade ingenting.

Ma la squadra non si mosse al suono del comando di Hal.

Men laget rörde sig inte vid ljudet av Hals befallning.

Ormai solo i colpi potevano farli sollevare e avanzare.

Vid det här laget kunde bara slag få dem att resa sig och dra sig framåt.

La frusta schioccava ripetutamente sui cani indeboliti.

Piskan smällde gång på gång över de försvagade hundarna.

John Thornton strinse forte le labbra e osservò in silenzio.

John Thornton tryckte läpparna hårt och tittade tyst.

Solleks fu il primo a rialzarsi sotto la frusta.

Solleks var den förste som kröp upp under pisklaget.

Poi Teek lo seguì, tremando. Joe urlò mentre barcollava.

Sedan följde Teek efter, darrande. Joe skrek till när han stapplade upp.

Pike cercò di alzarsi, fallì due volte, poi alla fine si rialzò barcollando.

Pike försökte resa sig, misslyckades två gånger, men stod slutligen ostadig.

Ma Buck rimase lì dov'era caduto, senza muoversi affatto.

Men Buck låg där han hade fallit, och rörde sig inte alls den här gången.

La frusta lo colpì più volte, ma lui non emise alcun suono.
Piskan högg honom om och om igen, men han gav ifrån sig
inget ljud.
**Lui non sussultò né oppose resistenza, rimase
semplicemente immobile e in silenzio.**
Han varken ryckte till eller gjorde motstånd, utan förblev bara
stilla och tyst.
**Thornton si mosse più di una volta, come per dire qualcosa,
ma non lo fece.**
Thornton rörde sig mer än en gång, som för att tala, men
gjorde det inte.
**I suoi occhi si inumidirono, ma la frusta continuava a
schioccare contro Buck.**
Hans ögon blev våta, och piskan smällde fortfarande mot
Buck.
**Alla fine Thornton cominciò a camminare lentamente,
incerto sul da farsi.**
Till slut började Thornton gå långsamt fram och tillbaka,
osäker på vad han skulle göra.
Era la prima volta che Buck falliva e Hal si infuriò.
Det var första gången Buck hade misslyckats, och Hal blev
rasande.
**Gettò via la frusta e prese al suo posto il pesante
manganello.**
Han kastade ner piskan och plockade upp den tunga klubban
istället.
**La mazza di legno colpì con violenza, ma Buck non si alzò
per muoversi.**
Träklubban föll hårt ner, men Buck reste sig fortfarande inte
för att röra sig.
**Come i suoi compagni di squadra, era troppo debole, ma non
solo.**
Liksom sina lagkamrater var han för svag – men mer än så.
**Buck aveva deciso di non muoversi, qualunque cosa
accadesse.**
Buck hade bestämt sig för att inte röra sig, oavsett vad som
skulle hända härnäst.

Sentì qualcosa di oscuro e sicuro incombere proprio davanti a sé.

Han kände något mörkt och säkert sväva alldeles framför honom.

Quel terrore lo aveva colto non appena aveva raggiunto la riva del fiume.

Den skräcken hade gripit honom så snart han nådde flodstranden.

Quella sensazione non lo aveva abbandonato da quando aveva sentito il ghiaccio assottigliarsi sotto le zampe.

Känslan hade inte lämnat honom sedan han känt isen tunnna under tassarna.

Qualcosa di terribile lo stava aspettando: lo sentiva proprio lungo il sentiero.

Något fruktansvärt väntade – han kände det alldeles längre ner på stigen.

Non avrebbe camminato verso quella cosa terribile davanti a lui

Han tänkte inte gå mot den där hemska saken framför sig

Non avrebbe obbedito a nessun ordine che lo avrebbe condotto a quella cosa.

Han tänkte inte lyda någon befallning som ledde honom till den saken.

Ormai il dolore dei colpi non lo sfiorava più: era troppo stanco.

Smärtan från slagen rörde honom knappt nu – han var för långt borta.

La scintilla della vita tremolava lentamente, affievolita da ogni colpo crudele.

Livsgnistan fladdrade lågt, fördunklad under varje grymt slag.

Gli arti gli sembravano distanti; tutto il corpo sembrava appartenere a un altro.

Hans lemmar kändes avlägsna; hela hans kropp tycktes tillhöra en annan.

Sentì uno strano torpore mentre il dolore scompariva completamente.

Han kände en märklig domning när smärtan försvann helt.

Da lontano, sentiva che lo stavano picchiando, ma non se ne rendeva conto.

På långt håll kände han att han blev slagen, men visste knappt.

Poteva udire debolmente i tonfi, ma ormai non gli facevano più male.

Han kunde höra dunsarna svagt, men de gjorde inte längre riktigt ont.

I colpi andarono a segno, ma il suo corpo non sembrava più il suo.

Slagen träffade honom, men hans kropp kändes inte längre som hans egen.

Poi, all'improvviso, senza alcun preavviso, John Thornton lanciò un grido selvaggio.

Sedan plötsligt, utan förvarning, utstötte John Thornton ett vilt rop.

Era inarticolato, più il grido di una bestia che di un uomo.

Det var oartikulerat, mer ett odjurs än en människas rop.

Si lanciò sull'uomo con la mazza e fece cadere Hal all'indietro.

Han hoppade på mannen med klubban och slog Hal bakåt.

Hal volò come se fosse stato colpito da un albero, atterrando pesantemente al suolo.

Hal flög som om han blivit träffad av ett träd och landade hårt på marken.

Mercedes urlò a gran voce in preda al panico e si portò le mani al viso.

Mercedes skrek högt i panik och höll sig för hennes ansikte.

Charles si limitò a guardare, si asciugò gli occhi e rimase seduto.

Charles bara tittade på, torkade sig om ögonen och stannade kvar.

Il suo corpo era troppo irrigidito dal dolore per alzarsi o contribuire alla lotta.

Hans kropp var för stel av smärta för att resa sig eller hjälpa till i kampen.

Thornton era in piedi davanti a Buck, tremante di rabbia, incapace di parlare.

Thornton stod över Buck, darrande av ilska, oförmögen att tala.

Tremava di rabbia e lottò per trovare la voce.

Han skakade av ilska och kämpade för att hitta sin röst genom den.

"Se colpisci ancora quel cane, ti uccido", disse infine.

"Om du slår den där hunden igen, så dödar jag dig", sa han till slut.

Hal si asciugò il sangue dalla bocca e tornò avanti.

Hal torkade blodet från munnen och kom fram igen.

"È il mio cane", borbottò. "Togliti di mezzo o ti sistemo io."

"Det är min hund", muttrade han. "Gå ur vägen, annars fixar jag dig."

"Vado da Dawson e tu non mi fermerai", ha aggiunto.

"Jag ska till Dawson, och du kommer inte att hindra mig", tillade han.

Thornton si fermò tra Buck e il giovane arrabbiato.

Thornton stod stadigt mellan Buck och den arga unge mannen.

Non aveva alcuna intenzione di farsi da parte o di lasciar passare Hal.

Han hade ingen avsikt att stiga åt sidan eller låta Hal gå förbi.

Hal tirò fuori il suo coltello da caccia, lungo e pericoloso nella sua mano.

Hal drog fram sin jaktkniv, lång och farlig i handen.

Mercedes urlò, poi pianse, poi rise in preda a un'isteria selvaggia.

Mercedes skrek, sedan grät, sedan skrattade i vild hysteri.

Thornton colpì la mano di Hal con il manico dell'ascia, con forza e rapidità.

Thornton slog Hals hand med sitt yxskaft, hårt och snabbt.

Il coltello si liberò dalla presa di Hal e volò a terra.

Kniven lossnade från Hals grepp och flög till marken.

Hal cercò di raccogliere il coltello, ma Thornton gli batté di nuovo le nocche.

Hal försökte lyfta kniven, och Thornton knackade igen med knogarna.

Poi Thornton si chinò, afferrò il coltello e lo tenne fermo.

Sedan böjde sig Thornton ner, tog kniven och höll den.

Con due rapidi colpi del manico dell'ascia, tagliò le redini di Buck.

Med två snabba hugg med yxskaftet högg han av Bucks tyglar.

Hal non aveva più voglia di combattere e si allontanò dal cane.

Hal hade ingen kamp kvar i sig och tog ett steg tillbaka från hunden.

Inoltre, ora Mercedes aveva bisogno di entrambe le braccia per restare in piedi.

Dessutom behövde Mercedes båda armarna nu för att hålla sig upprätt.

Buck era troppo vicino alla morte per poter nuovamente tirare la slitta.

Buck var för nära döden för att kunna dra en släde igen.

Pochi minuti dopo, ripartirono, dirigendosi verso il fiume.

Några minuter senare drog de ut och styrde nerför floden.

Buck sollevò debolmente la testa e li guardò lasciare la banca.

Buck lyfte svagt huvudet och såg dem lämna banken.

Pike guidava la squadra, con Solleks dietro al volante.

Pike ledde laget, med Solleks längst bak i ratten.

Joe e Teek camminavano in mezzo, zoppicando entrambi per la stanchezza.

Joe och Teek gick emellan, båda haltande av utmattning.

Mercedes si sedette sulla slitta e Hal afferrò la lunga pertica.

Mercedes satte sig på släden, och Hal grep tag i den långa gee-staven.

Charles barcollava dietro di lui, con passi goffi e incerti.

Charles stapplade bakom, hans steg klumpiga och osäkra.

Thornton si inginocchiò accanto a Buck e tastò delicatamente per vedere se aveva ossa rotte.

Thornton knäböjde bredvid Buck och kände försiktigt efter brutna ben.

Le sue mani erano ruvide, ma si muovevano con gentilezza e cura.

Hans händer var grova men rörde sig med vänlighet och omsorg.

Il corpo di Buck era pieno di lividi, ma non presentava lesioni permanenti.

Bucks kropp var blåmärkt men visade inga bestående skador.

Ciò che restava era una fame terribile e una debolezza quasi totale.

Det som återstod var fruktansvärd hunger och nästan total svaghet.

Quando la situazione fu più chiara, la slitta era già andata molto a valle.

När detta var klart hade släden kört långt nedströms.

L'uomo e il cane osservavano la slitta avanzare lentamente sul ghiaccio che si rompeva.

Man och hund såg släden sakta krypa över den sprickande isen.

Poi videro la slitta sprofondare in una cavità.

Sedan såg de släden sjunka ner i en hålighet.

La pertica volò in alto, ma Hal vi si aggrappò ancora invano.

Gee-stången flög upp, med Hal fortfarande förgäves klamrande sig fast vid den.

L'urlo di Mercedes li raggiunse attraverso la fredda distanza.

Mercedes skrik nådde dem över den kalla fjärran.

Charles si voltò e fece un passo indietro, ma era troppo tardi.

Charles vände sig om och tog ett steg tillbaka – men han var för sent ute.

Un'intera calotta di ghiaccio cedette e tutti precipitarono.

En hel inlandsis gav vika, och de föll alla igenom.

Cani, slitte e persone scomparvero nelle acque nere sottostanti.

Hundar, släde och människor försvann ner i det svarta vattnet nedanför.

Nel punto in cui erano passati era rimasto solo un largo buco nel ghiaccio.

Endast ett brett hål i isen fanns kvar där de hade passerat.

Il fondo del sentiero era crollato, proprio come aveva previsto Thornton.

Stigens botten hade fallit ut – precis som Thornton varnade för.

Thornton e Buck si guardarono l'un l'altro, in silenzio per un momento.

Thornton och Buck tittade på varandra, tysta en stund.

"Povero diavolo", disse Thornton dolcemente, e Buck gli leccò la mano.

"Din stackars djävul", sa Thornton mjukt, och Buck slickade hans hand.

Per amore di un uomo
För en mans kärlek

John Thornton si congelò i piedi per il freddo del dicembre precedente.
John Thornton frös om fötterna i kylan från föregående december.

I suoi compagni lo fecero sentire a suo agio e lo lasciarono guarire da solo.
Hans partners gjorde det bekvämt för honom och lät honom återhämta sig ensam.

Risalirono il fiume per raccogliere una zattera di tronchi da sega per Dawson.
De gick uppför floden för att samla en flotte sågtimmer åt Dawson.

Zoppicava ancora leggermente quando salvò Buck dalla morte.
Han haltade fortfarande lite när han räddade Buck från döden.

Ma con il persistere del caldo, anche quella zoppia è scomparsa.
Men med det fortsatta varma vädret försvann även den haltandet.

Sdraiato sulla riva del fiume durante le lunghe giornate primaverili, Buck si riposò.
Liggande vid flodstranden under långa vårdagar vilade Buck.

Osservava l'acqua che scorreva e ascoltava gli uccelli e gli insetti.
Han tittade på det strömmande vattnet och lyssnade på fåglar och insekter.

Lentamente Buck riacquistò le forze sotto il sole e il cielo.
Sakta men säkert återfick Buck sin styrka under solen och himlen.

Dopo aver viaggiato tremila miglia, riposarsi è stato meraviglioso.
En vila kändes underbar efter att ha rest tre tusen mil.

Buck diventò pigro man mano che le sue ferite guarivano e il suo corpo si riempiva.

Buck blev lat när hans sår läkte och hans kropp fylldes ut.

I suoi muscoli si rassodarono e la carne tornò a ricoprire le sue ossa.

Hans muskler blev fasta, och köttet täckte hans ben igen.

Stavano tutti riposando: Buck, Thornton, Skeet e Nig.

De vilade alla – Buck, Thornton, Skeet och Nig.

Aspettarono la zattera che li avrebbe portati a Dawson.

De väntade på flotten som skulle bära dem ner till Dawson.

Skeet era un piccolo setter irlandese che fece amicizia con Buck.

Skeet var en liten irländsk setter som blev vän med Buck.

Buck era troppo debole e malato per resisterle al loro primo incontro.

Buck var för svag och sjuk för att motstå henne vid deras första möte.

Skeet aveva la caratteristica di guaritore che alcuni cani possiedono per natura.

Skeet hade den helande egenskapen som vissa hundar naturligt har.

Come una gatta, leccò e pulì le ferite aperte di Buck.

Liksom en kattmamma slickade och rengjorde hon Bucks råa sår.

Ogni mattina, dopo colazione, ripeteva il suo attento lavoro.

Varje morgon efter frukost upprepade hon sitt noggranna arbete.

Buck finì per aspettarsi il suo aiuto tanto quanto quello di Thornton.

Buck kom att förvänta sig hennes hjälp lika mycket som han förväntade sig Thorntons.

Anche Nig era amichevole, ma meno aperto e meno affettuoso.

Nig var också vänlig, men mindre öppen och mindre tillgiven.

Nig era un grosso cane nero, in parte segugio e in parte levriero.

Nig var en stor svart hund, delvis blodhund och delvis hjorthund.

Aveva occhi sorridenti e un'infinita bontà d'animo.

Han hade skrattande ögon och en oändlig godhet i sin själ.

Con sorpresa di Buck, nessuno dei due cani mostrò gelosia nei suoi confronti.

Till Bucks förvåning visade ingen av hundarna svartsjuka mot honom.

Sia Skeet che Nig condividevano la gentilezza di John Thornton.

Både Skeet och Nig delade John Thorntons vänlighet.

Man mano che Buck diventava più forte, lo attiravano in stupidi giochi da cani.

Allt eftersom Buck blev starkare lockade de honom in i fåniga hundlekar.

Anche Thornton giocava spesso con loro, incapace di resistere alla loro gioia.

Thornton lekte ofta med dem också, oförmögen att motstå deras glädje.

In questo modo giocoso, Buck passò dalla malattia a una nuova vita.

På detta lekfulla sätt gick Buck från sjukdom till ett nytt liv.

L'amore, quello vero, ardente e passionale, era finalmente suo.

Kärleken – sann, brinnande och passionerad kärlek – var äntligen hans.

Non aveva mai conosciuto questo tipo di amore nella tenuta di Miller.

Han hade aldrig känt den här sortens kärlek på Millers gods.

Con i figli del giudice aveva condiviso lavoro e avventure.

Med domarens söner hade han delat arbete och äventyr.

Nei nipoti notò un orgoglio rigido e vanitoso.

Hos sonsönerna såg han stel och skrytsam stolthet.

Con lo stesso giudice Miller aveva un rapporto di rispettosa amicizia.

Med domare Miller själv hade han en respektfull vänskap.

Ma l'amore che era fuoco, follia e adorazione era ciò che accadeva con Thornton.

Men kärlek som var eld, galenskap och dyrkan kom med Thornton.

Quest'uomo aveva salvato la vita di Buck, e questo di per sé significava molto.

Den här mannen hade räddat Bucks liv, och det ensamt betydde oerhört mycket.

Ma più di questo, John Thornton era il tipo ideale di maestro.

Men mer än så var John Thornton den ideala typen av mästare.

Altri uomini si prendevano cura dei cani per dovere o per necessità lavorative.

Andra män tog hand om hundar av plikt eller affärsmässig nödvändighet.

John Thornton si prendeva cura dei suoi cani come se fossero figli.

John Thornton tog hand om sina hundar som om de vore hans barn.

Si prendeva cura di loro perché li amava e semplicemente non poteva farne a meno.

Han brydde sig om dem för att han älskade dem och helt enkelt inte kunde göra något åt det.

John Thornton vide molto più lontano di quanto la maggior parte degli uomini riuscisse mai a vedere.

John Thornton såg ännu längre än de flesta män någonsin lyckades se.

Non dimenticava mai di salutarli gentilmente o di pronunciare una parola di incoraggiamento.

Han glömde aldrig att hälsa dem vänligt eller säga ett uppmuntrande ord.

Amava sedersi con i cani per fare lunghe chiacchierate, o "gassy", come diceva lui.

Han älskade att sitta ner med hundarna för långa samtal, eller "gasiga", som han sa.

Gli piaceva afferrare bruscamente la testa di Buck tra le sue mani forti.

Han tyckte om att gripa Bucks huvud hårt mellan sina starka händer.

Poi appoggiò la testa contro quella di Buck e lo scosse delicatamente.

Sedan lutade han sitt huvud mot Bucks och skakade honom försiktigt.

Nel frattempo, chiamava Buck con nomi volgari che per lui significavano affetto.

Hela tiden kallade han Buck oförskämda namn som betydde kärlek för Buck.

Per Buck, quell'abbraccio rude e quelle parole portarono una gioia profonda.

För Buck väckte den hårda omfamningen och de orden djup glädje.

A ogni movimento il suo cuore sembrava sussultare di felicità.

Hans hjärta tycktes skaka löst av lycka vid varje rörelse.

Quando poi balzò in piedi, la sua bocca sembrava ridere.

När han sprang upp efteråt såg det ut som om hans mun skrattade.

I suoi occhi brillavano intensamente e la sua gola tremava per una gioia inespressa.

Hans ögon lyste klart och hans hals darrade av outtalad glädje.

Il suo sorriso rimase immobile in quello stato di emozione e affetto ardente.

Hans leende stod stilla i det där tillståndet av känslor och glödande tillgivenhet.

Allora Thornton esclamò pensieroso: "Dio! Riesce quasi a parlare!"

Sedan utbrast Thornton eftertänksamt: "Herregud! han kan nästan tala!"

Buck aveva uno strano modo di esprimere l'amore che quasi gli causava dolore.

Buck hade ett konstigt sätt att uttrycka kärlek som nästan
orsakade smärta.

Spesso stringeva forte la mano di Thornton tra i denti.

Han höll ofta Thorntons hand mycket hårt mellan tänderna.

**Il morso avrebbe lasciato segni profondi che sarebbero
rimasti per qualche tempo.**

Bettet skulle lämna djupa spår som stannade kvar ett tag
efteråt.

**Buck credeva che quei giuramenti fossero amore, e Thornton
la pensava allo stesso modo.**

Buck trodde att de svordomarna var kärlek, och Thornton
visste detsamma.

**Il più delle volte, l'amore di Buck si manifestava in
un'adorazione silenziosa, quasi silenziosa.**

Oftast visade sig Bucks kärlek i tyst, nästan tyst beundran.

**Sebbene fosse emozionato quando veniva toccato o gli si
parlava, non cercava attenzione.**

Även om han blev upprymd när han blev berörd eller tilltalad,
sökte han inte uppmärksamhet.

**Skeet spinse il naso sotto la mano di Thornton finché lui
non la accarezzò.**

Skeet knuffade nosen under Thorntons hand tills han
klappade henne.

**Nig si avvicinò silenziosamente e appoggiò la sua grande
testa sulle ginocchia di Thornton.**

Nig gick tyst fram och vilade sitt stora huvud på Thorntons
knä.

**Buck, al contrario, si accontentava di amare da una rispettosa
distanza.**

Buck, däremot, var nöjd med att älska från ett respektfullt
avstånd.

Rimase sdraiato per ore ai piedi di Thornton, vigile e attento.

Han låg i timmar vid Thorntons fötter, vaken och iakttagande
noga.

**Buck studiò ogni dettaglio del volto del suo padrone,
perfino il più piccolo movimento.**

Buck studerade varje detalj i sin husbondes ansikte och minsta rörelse.

Oppure sdraiati più lontano, studiando in silenzio la sagoma dell'uomo.

Eller ljög längre bort och studerade mannens skepnad i tystnad.

Buck osservava ogni piccolo movimento, ogni cambiamento di postura o di gesto.

Buck iakttog varje liten rörelse, varje förändring i hållning eller gest.

Questo legame era così potente che spesso catturava lo sguardo di Thornton.

Så stark var denna koppling att den ofta drog till sig Thorntons blick.

Incontrò lo sguardo di Buck senza dire parole, e il suo amore traspariva chiaramente.

Han mötte Bucks blick utan ord, kärleken lyste klart igenom.

Per molto tempo dopo essere stato salvato, Buck non perse mai di vista Thornton.

Under en lång tid efter att han räddats släppte Buck aldrig Thornton ur sikte.

Ogni volta che Thornton usciva dalla tenda, Buck lo seguiva da vicino all'esterno.

Varje gång Thornton lämnade tältet följde Buck honom tätt ut.

Tutti i severi padroni delle Terre del Nord avevano fatto sì che Buck non riuscisse più a fidarsi.

Alla de hårda herrarna i Nordlandet hade gjort Buck rädd för att lita på honom.

Temeva che nessun uomo potesse restare suo padrone se non per un breve periodo.

Han fruktade att ingen man kunde förbli hans herre i mer än en kort tid.

Temeva che John Thornton sarebbe scomparso come Perrault e François.

Han fruktade att John Thornton skulle försvinna liksom Perrault och François.

Anche di notte, la paura di perderlo tormentava il sonno agitato di Buck.

Även på natten hemsökte rädslan för att förlora honom Bucks oroliga sömn.

Quando Buck si svegliò, si trascinò fuori al freddo e andò nella tenda.

När Buck vaknade smög han ut i kylan och gick till tältet.

Ascoltò attentamente il leggero suono del suo respiro interiore.

Han lyssnade noga efter det mjuka ljudet av andning inuti.

Nonostante il profondo amore di Buck per John Thornton, la natura selvaggia sopravvisse.

Trots Bucks djupa kärlek till John Thornton levde vildmarken över.

Quell'istinto primitivo, risvegliatosi nel Nord, non scomparve.

Den primitiva instinkten, som väcktes i norr, försvann inte.

L'amore portava devozione, lealtà e il caldo legame attorno al fuoco.

Kärlek förde med sig hängivenhet, lojalitet och eldsidans varma band.

Ma Buck mantenne anche i suoi istinti selvaggi, acuti e sempre all'erta.

Men Buck behöll också sina vilda instinkter, skarpa och ständigt vakna.

Non era solo un animale domestico addomesticato proveniente dalle dolci terre della civiltà.

Han var inte bara ett tämjt husdjur från civilisationens mjuka länder.

Buck era un essere selvaggio che si era seduto accanto al fuoco di Thornton.

Buck var en vild varelse som hade kommit in för att sitta vid Thorntons eld.

Sembrava un cane del Southland, ma in lui albergava la natura selvaggia.

Han såg ut som en sydlandshund, men vildhet levde inom honom.

Il suo amore per Thornton era troppo grande per permettersi un furto da parte di quell'uomo.

Hans kärlek till Thornton var för stor för att tillåta stöld från mannen.

Ma in qualsiasi altro campo ruberebbe con audacia e senza esitazione.

Men i vilket annat läger som helst skulle han stjäla djärvt och utan uppehåll.

Era così abile nel rubare che nessuno riusciva a catturarlo o accusarlo.

Han var så listig på att stjäla att ingen kunde fånga eller anklaga honom.

Il suo viso e il suo corpo erano coperti di cicatrici dovute a molti combattimenti passati.

Hans ansikte och kropp var täckta av ärr från många tidigare slagsmål.

Buck continuava a combattere con ferocia, ma ora lo faceva con maggiore astuzia.

Buck kämpade fortfarande häftigt, men nu kämpade han med ännu mer slughet.

Skeet e Nig erano troppo docili per combattere, ed erano di Thornton.

Skeet och Nig var för vänliga för att slåss, och de tillhörde Thornton.

Ma qualsiasi cane estraneo, non importa quanto forte o coraggioso, cedeva.

Men vilken främmande hund som helst, oavsett hur stark eller modig den var, gav vika.

Altrimenti, il cane si ritrovò a combattere contro Buck, lottando per la propria vita.

Annars fann hunden sig själv i en kamp mot Buck; kämpande för sitt liv.

Buck non ebbe pietà quando decise di combattere contro un altro cane.

Buck hade ingen nåd när han väl valde att slåss mot en annan hund.

Aveva imparato bene la legge del bastone e della zanna nel Nord.

Han hade väl lärt sig lagen om klubba och huggtänder i Nordlandet.

Non ha mai rinunciato a un vantaggio e non si è mai tirato indietro dalla battaglia.

Han gav aldrig upp en fördel och backade aldrig från striden.

Aveva studiato Spitz e i cani più feroci della polizia e della posta.

Han hade studerat spetshundar och de vildaste post- och polishundarna.

Sapeva chiaramente che non esisteva via di mezzo in un combattimento selvaggio.

Han visste tydligt att det inte fanns någon medelväg i vild strid.

Doveva governare o essere governato; mostrare misericordia significava mostrare debolezza.

Han måste styra eller bli styrd; att visa barmhärtighet innebar att visa svaghet.

La pietà era sconosciuta nel mondo crudo e brutale della sopravvivenza.

Barmhärtighet var okänd i överlevnadens råa och brutala värld.

Mostrare pietà era visto come un atto di paura, e la paura conduceva rapidamente alla morte.

Att visa barmhärtighet sågs som rädsla, och rädsla ledde snabbt till döden.

La vecchia legge era semplice: uccidere o essere uccisi, mangiare o essere mangiati.

Den gamla lagen var enkel: döda eller bli dödad, ät eller bli uppäten.

Quella legge proveniva dalle profondità del tempo e Buck la seguì alla lettera.

Den lagen kom från tidens djup, och Buck följde den till fullo.

Buck era più vecchio dei suoi anni e del numero dei suoi respiri.

Buck var äldre än han var och antalet andetag han tog.

Collegava in modo chiaro il passato remoto con il momento presente.

Han kopplade tydligt samman det forntida förflutna med nuet.

I ritmi profondi dei secoli si muovevano attraverso di lui come le maree.

Tidernas djupa rytmer rörde sig genom honom likt tidvattnet.

Il tempo pulsava nel suo sangue con la stessa sicurezza con cui le stagioni muovevano la terra.

Tiden pulserade i hans blod lika säkert som årstiderna rörde jorden.

Sedeva accanto al fuoco di Thornton, con il petto forte e le zanne bianche.

Han satt vid Thorntons eld, med kraftigt bröst och vita huggtänder.

La sua lunga pelliccia ondeggiava, ma dietro di lui lo osservavano gli spiriti dei cani selvatici.

Hans långa päls böljade, men bakom honom tittade vilda hundars andar på.

Lupi mezzi e lupi veri si agitavano nel suo cuore e nei suoi sensi.

Halvvargar och hela vargar rörde sig i hans hjärta och sinnen.

Assaggiarono la sua carne e bevvero la stessa acqua che bevve lui.

De smakade på hans kött och drack samma vatten som han gjorde.

Annusarono il vento insieme a lui e ascoltarono la foresta.

De luktade i vinden bredvid honom och lyssnade till skogen.

Sussurravano il significato dei suoni selvaggi nell'oscurità.

De viskade betydelsen av de vilda ljuden i mörkret.

Modellavano il suo umore e guidavano ciascuna delle sue reazioni silenziose.

De formade hans humör och vägledde var och en av hans tysta reaktioner.

Giacevano accanto a lui mentre dormiva e diventavano parte dei suoi sogni profondi.

De låg hos honom medan han sov och blev en del av hans djupa drömmar.

Sognavano con lui, oltre lui, e costituivano il suo stesso spirito.

De drömde med honom, bortom honom, och formade hans själva ande.

Gli spiriti della natura selvaggia chiamavano con tanta forza che Buck si sentì attratto.

Vildmarkens andar ropade så starkt att Buck kände sig dragen.

Ogni giorno che passava, l'umanità e le sue rivendicazioni si indebolivano nel cuore di Buck.

För varje dag blev mänskligheten och dess anspråk svagare i Bucks hjärta.

Nel profondo della foresta si stava per udire un richiamo strano ed emozionante.

Djupt inne i skogen skulle ett märkligt och spännande rop stiga.

Ogni volta che sentiva la chiamata, Buck provava un impulso a cui non riusciva a resistere.

Varje gång han hörde ropet kände Buck en impuls han inte kunde motstå.

Avrebbe voltato le spalle al fuoco e ai sentieri battuti dagli uomini.

Han skulle vända sig bort från elden och bort från de upptrampade mänskliga stigarna.

Stava per addentrarsi nella foresta, avanzando senza sapere il perché.

Han skulle störta in i skogen, gå framåt utan att veta varför.

Non mise in discussione questa attrazione, perché la chiamata era profonda e potente.

Han ifrågasatte inte denna dragningskraft, ty kallelsen var djup och kraftfull.

Spesso raggiungeva l'ombra verde e la terra morbida e intatta

Ofta nådde han den gröna skuggan och den mjuka, orörda jorden

Ma poi il forte amore per John Thornton lo riportò al fuoco.
Men sedan drog den starka kärleken till John Thornton honom
tillbaka till elden.
**Soltanto John Thornton riuscì davvero a tenere stretto il
cuore selvaggio di Buck.**
Endast John Thornton höll verkligen Bucks vilda hjärta i sitt
grepp.
**Per Buck il resto dell'umanità non aveva alcun valore o
significato duraturo.**
Resten av mänskligheten hade inget bestående värde eller
mening för Buck.
**Gli sconosciuti potrebbero lodarlo o accarezzargli la
pelliccia con mani amichevoli.**
Främlingar kan berömma honom eller stryka hans päls med
vänliga händer.
Buck rimase impassibile e se ne andò per eccesso di affetto.
Buck förblev oberörd och gick sin väg på grund av alltför
mycket tillgivenhet.
**Hans e Pete arrivarono con la zattera che era stata attesa a
lungo**
Hans och Pete anlände med flotten som länge hade väntats
**Buck li ignorò finché non venne a sapere che erano vicini a
Thornton.**
Buck ignorerade dem tills han fick veta att de var nära
Thornton.
**Da allora in poi li tollerò, ma non dimostrò mai loro tutto il
suo calore.**
Efter det tolererade han dem, men visade dem aldrig full
värme.
**Accettava da loro cibo o gentilezza come se volesse fare loro
un favore.**
Han tog emot mat eller vänlighet från dem som om han gjorde
dem en tjänst.
Erano come Thornton: semplici, onesti e lucidi nei pensieri.
De var som Thornton – enkla, ärliga och klara i tankarna.
**Tutti insieme viaggiarono verso la segheria di Dawson e il
grande vortice**

Alla tillsammans reste de till Dawsons sågverk och den stora virveln

Nel corso del loro viaggio impararono a comprendere profondamente la natura di Buck.

På sin resa lärde de sig att djupt förstå Bucks natur.

Non cercarono di avvicinarsi come avevano fatto Skeet e Nig.

De försökte inte komma nära varandra som Skeet och Nig hade gjort.

Ma l'amore di Buck per John Thornton non fece che aumentare con il tempo.

Men Bucks kärlek till John Thornton fördjupades bara med tiden.

Solo Thornton poteva mettere uno zaino sulla schiena di Buck durante l'estate.

Endast Thornton kunde lägga en packning på Bucks rygg på sommaren.

Buck era disposto a eseguire senza riserve qualsiasi ordine impartito da Thornton.

Vad Thornton än befallde, var Buck villig att göra helt och hållet.

Un giorno, dopo aver lasciato Dawson per le sorgenti del Tanana,

En dag, efter att de lämnat Dawson för Tananas källflöden,

il gruppo era seduto su una rupe che scendeva per un metro fino a raggiungere la nuda roccia.

Gruppen satt på en klippa som föll en meter ner till kala berggrunden.

John Thornton si sedette vicino al bordo e Buck si riposò accanto a lui.

John Thornton satt nära kanten, och Buck vilade bredvid honom.

Thornton ebbe un'idea improvvisa e richiamò l'attenzione degli uomini.

Thornton fick en plötslig tanke och påkallade männens uppmärksamhet.

Indicò l'altro lato del baratro e diede a Buck un unico comando.

Han pekade över avgrunden och gav Buck en enda kommando.

"Salta, Buck!" disse, allungando il braccio oltre il precipizio.

"Hoppa, Buck!" sa han och svingade ut armen över stupet.

Un attimo dopo dovette afferrare Buck, che stava saltando per obbedire.

I ett ögonblick var han tvungen att gripa tag i Buck, som hoppade till för att lyda.

Hans e Pete si precipitarono in avanti e tirarono entrambi indietro per metterli in salvo.

Hans och Pete rusade fram och drog båda tillbaka i säkerhet.

Dopo che tutto fu finito e che ebbero ripreso fiato, Pete prese la parola.

När allt var över, och de hade hämtat andan, tog Pete till orda.

«È un amore straordinario», disse, scosso dalla feroce devozione del cane.

"Kärleken är kuslig", sa han, skakad av hundens starka hängivenhet.

Thornton scosse la testa e rispose con calma e serietà.

Thornton skakade på huvudet och svarade med lugnt allvar.

«No, l'amore è splendido», disse, «ma anche terribile».

"Nej, kärleken är fantastisk", sa han, "men också fruktansvärd."

"A volte, devo ammetterlo, questo tipo di amore mi fa paura."

"Ibland måste jag erkänna att den här typen av kärlek gör mig rädd."

Pete annuì e disse: "Mi dispiacerebbe tanto essere l'uomo che ti tocca".

Pete nickade och sa: "Jag skulle hata att vara mannen som rör vid dig."

Mentre parlava, guardava Buck con aria seria e piena di rispetto.

Han tittade på Buck medan han talade, allvarlig och full av respekt.

"Py Jingo!" esclamò Hans in fretta. "Neanch'io, no signore."
"Py Jingo!" sa Hans snabbt. "Jag heller, nej, sir."

Prima che finisse l'anno, i timori di Pete si avverarono a Circle City.
Innan året var slut besannades Petes farhågor i Circle City.
Un uomo crudele di nome Black Burton attaccò una rissa nel bar.
En grym man vid namn Black Burton började bråka i baren.
Era arrabbiato e cattivo, e si scagliava contro un novellino.
Han var arg och illvillig och gick till attack mot en ny ömtålig person.
John Thornton intervenne, calmo e bonario come sempre.
John Thornton klev in, lugn och godmodig som alltid.
Buck giaceva in un angolo, con la testa bassa, e osservava Thornton attentamente.
Buck låg i ett hörn med huvudet nedåt och iakttog Thornton noga.
Burton colpì all'improvviso e il suo pugno fece girare Thornton.
Burton slog plötsligt till, hans slag fick Thornton att snurra.
Solo la ringhiera della sbarra gli impedì di cadere violentemente a terra.
Endast stångens räcke hindrade honom från att falla hårt mot marken.
Gli osservatori hanno sentito un suono che non era un abbaio o un guaito
Vaktarna hörde ett ljud som inte var skall eller skrik
Buck emise un profondo ruggito mentre si lanciava verso l'uomo.
ett djupt vrål kom från Buck när han rusade mot mannen.
Burton alzò il braccio e per poco non si salvò la vita.
Burton kastade upp armen och räddade nätt och jämnt sitt eget liv.
Buck si schiantò contro di lui, facendolo cadere a terra.
Buck körde in i honom och slog honom platt på golvet.

Buck gli diede un morso profondo al braccio, poi si lanciò alla gola.

Buck bet djupt i mannens arm och kastade sig sedan mot strupen.

Burton riuscì a parare solo in parte e il suo collo fu squarciato.

Burton kunde bara delvis blockera, och hans nacke slets upp.

Gli uomini si precipitarono dentro, brandendo i manganelli e allontanarono Buck dall'uomo sanguinante.

Män rusade in, hissade klubbor och drev bort Buck den blödande mannen.

Un chirurgo ha lavorato rapidamente per impedire che il sangue fuoriuscisse.

En kirurg arbetade snabbt för att stoppa blodet från att rinna ut.

Buck camminava avanti e indietro ringhiando, tentando di attaccare ancora e ancora.

Buck gick fram och tillbaka och morrade, och försökte attackera om och om igen.

Soltanto i bastoni oscillanti gli impedirono di raggiungere Burton.

Endast svingande klubbor hindrade honom från att nå Burton.

Proprio lì, sul posto, venne convocata una riunione dei minatori.

Ett gruvarbetarmöte sammankallades och hölls just där på plats.

Concordarono sul fatto che Buck era stato provocato e votarono per liberarlo.

De höll med om att Buck hade blivit provocerad och röstade för att släppa honom fri.

Ma il nome feroce di Buck risuonava ormai in ogni accampamento dell'Alaska.

Men Bucks våldsamma namn ekade nu i varje läger i Alaska.

Più tardi, quello stesso autunno, Buck salvò Thornton di nuovo in un modo nuovo.

Senare samma höst räddade Buck Thornton igen på ett nytt sätt.

I tre uomini stavano guidando una lunga barca lungo delle rapide impetuose.
De tre männen guidade en lång båt nerför grova forsar.

Thornton manovrava la barca, gridando indicazioni per raggiungere la riva.
Thornton manövrerade båten och ropade upp vägbeskrivningar till strandlinjen.

Hans e Pete correvano sulla terraferma, tenendo una corda da un albero all'altro.
Hans och Pete sprang på land och höll ett rep från träd till träd.

Buck procedeva a passo d'uomo sulla riva, tenendo sempre d'occhio il suo padrone.
Buck höll takten på stranden och vakade ständigt över sin herre.

In un punto pericoloso, delle rocce sporgevano dall'acqua veloce.
På ett otäckt ställe stack stenar ut under det snabba vattnet.

Hans lasciò andare la cima e Thornton tirò la barca verso la larghezza.
Hans släppte repet, och Thornton styrde båten vida.

Hans corse a percorrerla di nuovo, superando le pericolose rocce.
Hans spurtade för att hinna ikapp båten igen förbi de farliga klipporna.

La barca superò la sporgenza ma trovò una corrente più forte.
Båten passerade avsatsen men träffade en starkare del av strömmen.

Hans afferrò la cima troppo velocemente e fece perdere l'equilibrio alla barca.
Hans grep tag i repet för snabbt och drog båten ur balans.

La barca si capovolse e sbatté contro la riva, con la parte inferiore rivolta verso l'alto.
Båten voltade och slog in i stranden, med botten upp.

Thornton venne scaraventato fuori e trascinato nella parte più selvaggia dell'acqua.

Thornton kastades ut och sveptes ner i den vildaste delen av vattnet.

Nessun nuotatore sarebbe sopravvissuto in quelle acque pericolose e pericolose.

Ingen simmare skulle ha överlevt i det dödliga, rusande vattnet.

Buck si lanciò all'istante e inseguì il suo padrone lungo il fiume.

Buck hoppade genast in och jagade sin husbonde nerför floden.

Dopo trecento metri finalmente raggiunse Thornton.

Efter trehundra meter nådde han äntligen Thornton.

Thornton afferrò la coda di Buck, e Buck si diresse verso la riva.

Thornton grep tag i Bucks stjärt, och Buck vände sig mot stranden.

Nuotò con tutte le sue forze, lottando contro la forte resistenza dell'acqua.

Han simmade med full styrka och kämpade mot vattnets vilda drag.

Si spostarono verso valle più velocemente di quanto riuscissero a raggiungere la riva.

De rörde sig nedströms snabbare än de kunde nå stranden.

Più avanti, il fiume ruggiva più forte, precipitando in rapide mortali.

Framför dånade floden högre när den störtade ner i dödliga forsar.

Le rocce fendevano l'acqua come i denti di un enorme pettine.

Stenar skar genom vattnet som tänderna på en enorm kam.

La forza di attrazione dell'acqua nei pressi del dislivello era selvaggia e ineluttabile.

Vattnets dragningskraft nära droppen var våldsam och oundviklig.

Thornton sapeva che non sarebbero mai riusciti a raggiungere la riva in tempo.

Thornton visste att de aldrig skulle kunna nå stranden i tid.

Raschiò una roccia, ne sbatté una seconda,
Han skrapade över en sten, slog över en andra,
Poi si schiantò contro una terza roccia, afferrandola con entrambe le mani.
Och sedan krockade han med en tredje sten och grep tag i den med båda händerna.
Lasciò andare Buck e urlò sopra il ruggito: "Vai, Buck! Vai!"
Han släppte taget om Buck och ropade över vrållet: "Kör, Buck! Kör!"
Buck non riuscì a restare a galla e fu trascinato dalla corrente.
Buck kunde inte hålla sig flytande och sveptes med av strömmen.
Lottò con tutte le sue forze, cercando di girarsi, ma non fece alcun progresso.
Han kämpade hårt, kämpade för att vända, men gjorde inga framsteg alls.
Poi sentì Thornton ripetere il comando sopra il fragore del fiume.
Sedan hörde han Thornton upprepa kommandot över flodens dån.
Buck si impennò fuori dall'acqua e sollevò la testa come per dare un'ultima occhiata.
Buck steg upp ur vattnet och lyfte huvudet som för att ta en sista titt.
poi si voltò e obbedì, nuotando verso la riva con risolutezza.
sedan vände han sig om och lydde, simmande mot stranden med beslutsamhet.
Pete e Hans lo tirarono a riva all'ultimo momento possibile.
Pete och Hans drog honom i land i sista möjliga ögonblick.
Sapevano che Thornton avrebbe potuto aggrapparsi alla roccia solo per pochi minuti.
De visste att Thornton bara kunde klamra sig fast vid stenen i några minuter till.
Corsero su per la riva fino a un punto molto più in alto rispetto al punto in cui lui era appeso.

De sprang uppför banken till en plats långt ovanför där han hängde.

Legarono con cura la cima della barca al collo e alle spalle di Buck.

De knöt försiktigt båtens lina runt Bucks nacke och axlar.

La corda era stretta ma abbastanza larga da permettere di respirare e muoversi.

Repet var tätt men tillräckligt löst för andning och rörelse.

Poi lo gettarono di nuovo nel fiume impetuoso e mortale.

Sedan kastade de honom ner i den forsande, dödliga floden igen.

Buck nuotò coraggiosamente ma non riuscì a prendere l'angolazione giusta per affrontare la forza della corrente.

Buck simmade djärvt men missade vinkeln in i strömmens kraft.

Si accorse troppo tardi che stava per superare Thornton.

Han insåg för sent att han skulle driva förbi Thornton.

Hans tirò forte la corda, come se Buck fosse una barca che si capovolge.

Hans ryckte i repet, som om Buck vore en kapsejsande båt.

La corrente lo trascinò sott'acqua e lui scomparve sotto la superficie.

Strömmen drog honom under ytan, och han försvann under ytan.

Il suo corpo colpì la riva prima che Hans e Pete lo tirassero fuori.

Hans kropp träffade banken innan Hans och Pete drog upp honom.

Era mezzo annegato e gli tolsero l'acqua dal corpo.

Han var halvt drunknad, och de stampade vattnet ur honom.

Buck si alzò, barcollò e crollò di nuovo a terra.

Buck reste sig, vacklade och kollapsade återigen till marken.

Poi udirono la voce di Thornton portata debolmente dal vento.

Sedan hörde de Thorntons röst svagt buren av vinden.

Sebbene le parole non fossero chiare, sapevano che era vicino alla morte.

Även om orden var oklara, visste de att han var nära döden.

Il suono della voce di Thornton colpì Buck come una scossa elettrica.

Ljudet av Thorntons röst träffade Buck som en elektrisk stöt.

Saltò in piedi e corse su per la riva, tornando al punto di partenza.

Han hoppade upp och sprang uppför stranden, återvändande till startpunkten.

Legarono di nuovo la corda a Buck, e di nuovo lui entrò nel fiume.

Återigen band de repet fast vid Buck, och återigen gick han ner i bäcken.

Questa volta nuotò direttamente e con decisione nell'acqua impetuosa.

Den här gången simmade han rakt och bestämt ner i det forsande vattnet.

Hans lasciò scorrere la corda con regolarità, mentre Pete impediva che si aggrovigliasse.

Hans släppte ut repet stadigt medan Pete hindrade det från att trassla ihop sig.

Buck nuotò con forza finché non si trovò allineato appena sopra Thornton.

Buck simmade hårt tills han stod uppradad precis ovanför Thornton.

Poi si voltò e si lanciò verso di lui come un treno a tutta velocità.

Sedan vände han och rusade ner som ett tåg i full fart.

Thornton lo vide arrivare, si preparò e gli abbracciò il collo.

Thornton såg honom komma, rustad och låste armarna om hans hals.

Hans legò saldamente la corda attorno a un albero mentre entrambi venivano tirati sott'acqua.

Hans knöt repet fast runt ett träd när båda drogs under.

Caddero sott'acqua, schiantandosi contro rocce e detriti del fiume.

De tumlade under vattnet och krossade stenar och flodskräp.

Un attimo prima Buck era in cima e un attimo dopo Thornton si alzava ansimando.

Ena stunden var Buck ovanpå, i nästa reste sig Thornton kippandes efter andan.

Malconci e soffocati, si diressero verso la riva e si misero in salvo.

Misshandlade och kvävda vek de av mot stranden och i säkerhet.

Thornton riprese conoscenza mentre era sdraiato su un tronco alla deriva.

Thornton återfick medvetandet, liggandes tvärs över en drivstock.

Hans e Pete lavorarono duramente per riportarlo a respirare e a vivere.

Hans och Pete arbetade hårt med honom för att få honom att andas och få liv igen.

Il suo primo pensiero fu per Buck, che giaceva immobile e inerte.

Hans första tanke var på Buck, som låg orörlig och slapp.

Nig ululò sul corpo di Buck e Skeet gli leccò delicatamente il viso.

Nig ylade över Bucks kropp, och Skeet slickade honom försiktigt i ansiktet.

Thornton, dolorante e contuso, esaminò Buck con mano attenta.

Thornton, öm och blåslagen, undersökte Buck med försiktiga händer.

Ha trovato tre costole rotte, ma il cane non presentava ferite mortali.

Han fann tre brutna revben, men inga dödliga sår på hunden.

"Questo è tutto", disse Thornton. "Ci accamperemo qui". E così fecero.

"Det avgjorde saken", sa Thornton. "Vi campar här." Och det gjorde de.

Rimasero lì finché le costole di Buck non guarirono e lui poté di nuovo camminare.

De stannade tills Bucks revben läkte och han kunde gå igen.

Quell'inverno Buck compì un'impresa che accrebbe ulteriormente la sua fama.

Den vintern utförde Buck en bedrift som ytterligare höjde hans berömmelse.

Fu un gesto meno eroico del salvataggio di Thornton, ma altrettanto impressionante.

Det var mindre heroiskt än att rädda Thornton, men lika imponerande.

A Dawson, i soci avevano bisogno di provviste per un viaggio lontano.

I Dawson behövde partnerna förnödenheter för en avlägsen resa.

Volevano viaggiare verso est, in terre selvagge e incontaminate.

De ville resa österut, in i orörda vildmarker.

Quel viaggio fu possibile grazie all'impresa compiuta da Buck nell'Eldorado Saloon.

Bucks dåd i Eldorado Saloon gjorde den resan möjlig.

Tutto cominciò con degli uomini che si vantavano dei loro cani bevendo qualcosa.

Det började med att män skröt om sina hundar över drinkar.

La fama di Buck lo rese bersaglio di sfide e dubbi.

Bucks berömmelse gjorde honom till måltavla för utmaningar och tvivel.

Thornton, fiero e calmo, rimase fermo nel difendere il nome di Buck.

Thornton, stolt och lugn, stod orubbligt fast vid sitt försvar av Bucks namn.

Un uomo ha affermato che il suo cane riusciva a trainare facilmente duecentocinquanta chili.

En man sa att hans hund kunde dra femhundra pund med lätthet.

Un altro disse seicento, e un terzo si vantò di settecento.

En annan sa sexhundra, och en tredje skröt om sjuhundra.

"Pfft!" disse John Thornton, "Buck può trainare una slitta da mille libbre."

"Pff!" sa John Thornton, "Buck kan dra en släde på tusen
pund."

Matthewson, un Bonanza King, si sporse in avanti e lo sfidò.

Matthewson, en Bonanzakung, lutade sig fram och utmanade
honom.

"Pensi che possa spostare tutto quel peso?"

"Tror du att han kan lägga så mycket vikt i rörelse?"

"E pensi che riesca a sollevare il peso per cento metri?"

"Och du tror att han kan dra vikten hela hundra meter?"

**Thornton rispose freddamente: "Sì. Buck è abbastanza cane
da farlo."**

Thornton svarade kyligt: "Ja. Buck är hund nog att göra det."

"Metterà in moto mille libbre e la tirerà per cento metri."

"Han sätter tusen pund i rörelse och drar det hundra meter."

**Matthewson sorrise lentamente e si assicurò che tutti gli
uomini udissero le sue parole.**

Matthewson log långsamt och försäkrade sig om att alla män
hörde hans ord.

"Ho mille dollari che dicono che non può. Eccoli."

"Jag har tusen dollar som det står att han inte kan. Där är det."

**Sbatté sul bancone un sacco di polvere d'oro grande quanto
una salsiccia.**

Han slängde en säck med gulddamm stor som korv på baren.

**Nessuno disse una parola. Il silenzio si fece pesante e teso
intorno a loro.**

Ingen sa ett ord. Tystnaden blev tung och spänd omkring
dem.

Il bluff di Thornton, se mai lo fu, era stato preso sul serio.

Thorntons bluff – om det nu var en – hade tagits på allvar.

**Sentì il calore salirgli al viso mentre il sangue gli affluiva
alle guance.**

Han kände hettan stiga i ansiktet medan blodet forsade upp
mot kinderna.

In quel momento la sua lingua aveva preceduto la ragione.

Hans tunga hade överträffat hans förnuft i det ögonblicket.

**Non sapeva davvero se Buck sarebbe riuscito a spostare
mille libbre.**

Han visste verkligen inte om Buck kunde flytta tusen pund.

Mezza tonnellata! Solo la sua mole gli faceva sentire il cuore pesante.

Ett halvt ton! Bara storleken gjorde honom tung i hjärtat.

Aveva fiducia nella forza di Buck e lo riteneva capace.

Han hade förtroende för Bucks styrka och hade ansett honom duglig.

Ma non aveva mai affrontato una sfida di questo tipo, non in questo modo.

Men han hade aldrig mött den här typen av utmaning, inte som denna.

Una dozzina di uomini lo osservavano in silenzio, in attesa di vedere cosa avrebbe fatto.

Ett dussin män iakttog honom tyst och väntade på att se vad han skulle göra.

Lui non aveva i soldi, e nemmeno Hans e Pete.

Han hade inte pengarna – inte heller Hans eller Pete.

"Ho una slitta fuori", disse Matthewson in modo freddo e diretto.

"Jag har en släde utomhus", sa Matthewson kallt och rättframt.

"È carico di venti sacchi, da cinquanta libbre ciascuno, tutti di farina.

"Den är lastad med tjugo säckar, femtio pund styck, allt mjöl."

Quindi non lasciare che la scomparsa della slitta diventi la tua scusa", ha aggiunto.

Så låt inte en saknad släde bli din ursäkt nu", tillade han.

Thornton rimase in silenzio. Non sapeva che parole dire.

Thornton stod tyst. Han visste inte vilka ord han skulle säga.

Guardò i volti intorno a sé senza vederli chiaramente.

Han tittade sig omkring på ansiktena utan att se dem tydligt.

Sembrava un uomo immerso nei suoi pensieri, che cercava di ripartire.

Han såg ut som en man som var fastfrusen i sina tankar och försökte starta om.

Poi incontrò Jim O'Brien, un amico dei tempi dei Mastodon.

Sedan såg han Jim O'Brien, en vän från Mastodont-dagarna.

Quel volto familiare gli diede un coraggio che non sapeva di avere.

Det bekanta ansiktet gav honom ett mod han inte visste att han hade.

Si voltò e chiese a bassa voce: "Puoi prestarmi mille dollari?"

Han vände sig om och frågade med låg röst: "Kan du låna mig tusen?"

"Certo", disse O'Brien, lasciando cadere un pesante sacco vicino all'oro.

"Visst", sa O'Brien och släppte redan en tung säck vid guldet.

"Ma sinceramente, John, non credo che la bestia possa fare questo."

"Men ärligt talat, John, jag tror inte att odjuret kan göra det här."

Tutti quelli presenti all'Eldorado Saloon si precipitarono fuori per assistere all'evento.

Alla i Eldorado Saloon skyndade sig ut för att se evenemanget.

Lasciarono tavoli e bevande e perfino le partite furono sospese.

De lämnade bord och drycker, och till och med spelen pausades.

Croupier e giocatori accorsero per assistere alla conclusione di questa audace scommessa.

Dealers och spelare kom för att bevittna det djärva vadets slut.

Centinaia di persone si radunarono attorno alla slitta sulla strada ghiacciata.

Hundratals samlades runt släden på den isiga öppna gatan.

La slitta di Matthewson era carica di un carico completo di sacchi di farina.

Matthewsons släde stod med en full last av mjölsäckar.

La slitta era rimasta ferma per ore a temperature sotto lo zero.

Kälken hade stått i timmar i minusgrader.

I pattini della slitta erano congelati e incollati alla neve compatta.

Kälkens medar var fastfrusna i den hoppackade snön.

Gli uomini scommettevano due a uno che Buck non sarebbe riuscito a spostare la slitta.

Männen erbjöd två mot ett-odds på att Buck inte kunde flytta släden.

Scoppiò una disputa su cosa significasse realmente "break out".

En tvist utbröt om vad "utbrott" egentligen betydde.

O'Brien ha affermato che Thornton dovrebbe allentare la base ghiacciata della slitta.

O'Brien sa att Thornton borde lossa slädens frusna botten.

Buck potrebbe quindi "rompere" una partenza solida e immobile.

Buck kunde sedan "bryta ut" från en stabil, orörlig start.

Matthewson sosteneva che anche il cane doveva liberare i corridori.

Matthewson hävdade att hunden också måste släppa loss löparna.

Gli uomini che avevano sentito la scommessa concordavano con Matthewson.

Männen som hade hört vadet höll med Matthewsons åsikt.

Con questa sentenza, le probabilità contro Buck salirono a tre a uno.

Med det beslutet steg oddsen till tre mot ett mot Buck.

Nessuno si fece avanti per accettare le crescenti quote di tre a uno.

Ingen klev fram för att acceptera de växande oddsen på tre mot ett.

Nessuno credeva che Buck potesse compiere la grande impresa.

Inte en enda man trodde att Buck kunde utföra den stora bedriften.

Thornton era stato spinto a scommettere, pieno di dubbi.

Thornton hade blivit involverad i vadet i hast, tyngd av tvivel.

Ora guardava la slitta e la muta di dieci cani accanto ad essa.

Nu tittade han på släden och det tiohunds stora spannet bredvid den.

Vedere la realtà del compito lo faceva sembrare ancora più impossibile.

Att se uppgiftens verklighet gjorde den mer omöjlig.

In quel momento Matthewson era pieno di orgoglio e sicurezza.

Matthewson var full av stolthet och självförtroende i det ögonblicket.

"Tre a uno!" urlò. "Ne scommetto altri mille, Thornton!

"Tre mot ett!" ropade han. "Jag slår vad om tusen till, Thornton!"

"Cosa dici?" aggiunse, abbastanza forte da farsi sentire da tutti.

"Vad säger du?" tillade han, tillräckligt högt för att alla skulle höra.

Il volto di Thornton esprimeva i suoi dubbi, ma il suo spirito era sollevato.

Thorntons ansikte visade hans tvivel, men hans mod hade stigit.

Quello spirito combattivo ignorava le avversità e non temeva nulla.

Den kämparandan ignorerade oddsen och fruktade ingenting alls.

Chiamò Hans e Pete perché portassero tutti i loro soldi al tavolo.

Han ringde Hans och Pete för att de skulle ta med sig alla sina pengar till bordet.

Non gli era rimasto molto altro: solo duecento dollari in tutto.

De hade inte mycket kvar – bara tvåhundra dollar tillsammans.

Questa piccola somma costituiva la loro intera fortuna nei momenti difficili.

Denna lilla summa var deras totala förmögenhet under svåra tider.

Ciononostante puntarono tutta la loro fortuna contro la scommessa di Matthewson.

Ändå satsade de hela förmögenheten mot Matthewsons vad.

La muta composta da dieci cani venne sganciata e allontanata dalla slitta.

Tiohundsspannet kopplades loss och rörde sig bort från släden.

Buck venne messo alle redini, indossando la sua consueta imbracatura.

Buck placerades i tyglarna, iklädd sin välbekanta sele.

Aveva colto l'energia della folla e ne aveva percepito la tensione.

Han hade fångat publikens energi och känt spänningen.

In qualche modo sapeva che doveva fare qualcosa per John Thornton.

På något sätt visste han att han var tvungen att göra något för John Thornton.

La gente mormorava ammirata di fronte alla figura fiera del cane.

Folk mumlade av beundran över hundens stolta figur.

Era magro e forte, senza un solo grammo di carne in più.

Han var mager och stark, utan ett enda uns extra kött.

Il suo peso di centocinquanta chili era sinonimo di potenza e resistenza.

Hans fulla vikt på hundrafemtio pund var ren kraft och uthållighet.

Il mantello di Buck brillava come la seta, denso di salute e forza.

Bucks päls glänste som siden, tjock av hälsa och styrka.

La pelliccia sul collo e sulle spalle sembrava sollevarsi e drizzarsi.

Pälsen längs hans hals och axlar tycktes lyfta sig och borsta.

La sua criniera si muoveva leggermente, ogni capello era animato dalla sua grande energia.

Hans man rörde sig lätt, varje hårstrå levde av hans stora energi.

Il suo petto ampio e le sue gambe forti si sposavano bene con la sua corporatura pesante e robusta.

Hans breda bröstkorg och starka ben matchade hans tunga, tuffa kroppsbyggnad.

I muscoli si tesero sotto il cappotto, tesi e sodi come ferro legato.

Musklerna krusade sig under hans rock, spända och fasta som bundet järn.

Gli uomini lo toccavano e giuravano che era fatto come una macchina d'acciaio.

Män rörde vid honom och svor att han var byggd som en stålmaskin.

Le probabilità contro il grande cane sono scese leggermente a due a uno.

Oddsen sjönk något till två mot ett mot den fantastiska hunden.

Un uomo dei banchi di Skookum si fece avanti balbettando.

En man från Skookum-bänkarna knuffade sig fram, stammande.

"Bene, signore! Offro ottocento per lui... prima della prova, signore!"

"Bra, herrn! Jag erbjuder åttahundra för honom – före provet, herrn!"

"Ottocento, così com'è adesso!" insistette l'uomo.

"Åtta hundra, som han står just nu!" insisterade mannen.

Thornton fece un passo avanti, sorrise e scosse la testa con calma.

Thornton klev fram, log och skakade lugnt på huvudet.

Matthewson intervenne rapidamente con tono ammonitore e aggrottando la fronte.

Matthewson ingrep snabbt med varnande röst och rynka pannan.

"Devi allontanarti da lui", disse. "Dagli spazio."

"Du måste ta ett steg bort från honom", sa han. "Ge honom utrymme."

La folla tacque; solo i giocatori continuavano a offrire due a uno.

Folkmassan blev tyst; endast spelare erbjöd fortfarande två mot ett.

Tutti ammiravano la corporatura di Buck, ma il carico sembrava troppo pesante.

Alla beundrade Bucks kroppsbyggnad, men lasten såg för tung ut.

Venti sacchi di farina, ciascuno del peso di cinquanta libbre, sembravano decisamente troppi.

Tjugo säckar mjöl – vardera femtio pund i vikt – verkade alldeles för mycket.

Nessuno era disposto ad aprire la borsa e a rischiare i propri soldi.

Ingen var villig att öppna sin påse och riskera sina pengar.

Thornton si inginocchiò accanto a Buck e gli prese la testa tra entrambe le mani.

Thornton knäböjde bredvid Buck och tog hans huvud i båda händerna.

Premette la guancia contro quella di Buck e gli parlò all'orecchio.

Han pressade sin kind mot Bucks och talade i hans öra.

Non c'erano più né scossoni giocosi né insulti affettuosi sussurrati.

Det förekom inga lekfulla skakningar eller viskande kärleksfulla förolämpningar nu.

Mormorò solo dolcemente: "Quanto mi ami, Buck."

Han mumlade bara mjukt: "Så mycket som du älskar mig, Buck."

Buck emise un gemito sommesso, trattenendo a stento la sua impazienza.

Buck släppte ifrån sig ett tyst gnäll, hans iver knappt tyglad.

Gli astanti osservavano con curiosità la tensione che aleggiava nell'aria.

Åskådarna tittade nyfiket på medan spänning fyllde luften.

Quel momento sembrava quasi irreale, qualcosa che trascendeva la ragione.

Ögonblicket kändes nästan overkligt, som något bortom all förnuft.

Quando Thornton si alzò, Buck gli prese delicatamente la mano tra le fauci.

När Thornton reste sig tog Buck försiktigt hans hand i sina käkar.

Premette con i denti, poi lasciò andare lentamente e delicatamente.

Han tryckte ner med tänderna och släppte sedan taget långsamt och försiktigt.

Fu una risposta silenziosa d'amore, non detta, ma compresa.

Det var ett tyst svar av kärlek, inte uttalat, men förstått.

Thornton si allontanò di molto dal cane e diede il segnale.

Thornton tog ett bra steg tillbaka från hunden och gav signalen.

"Ora, Buck", disse, e Buck rispose con calma concentrata.

"Nu, Buck", sa han, och Buck svarade med fokuserat lugn.

Buck tese le corde, poi le allentò di qualche centimetro.

Buck drog åt skenorna och lossade dem sedan några centimeter.

Questo era il metodo che aveva imparato; il suo modo per rompere la slitta.

Det här var metoden han hade lärt sig; hans sätt att bryta släden.

"Caspita!" urlò Thornton, con voce acuta nel silenzio pesante.

"Herregud!" ropade Thornton, hans röst skarp i den tunga tystnaden.

Buck si girò verso destra e si lanciò con tutto il suo peso.

Buck svängde åt höger och kastade sig fram med all sin vikt.

Il gioco svanì e tutta la massa di Buck colpì le timonerie strette.

Slaket försvann, och Bucks fulla massa träffade de snäva spåren.

La slitta tremò e i pattini produssero un suono secco e scoppiettante.

Kälken darrade, och medarna gav ifrån sig ett krispigt knastrande ljud.

"Haw!" ordinò Thornton, cambiando di nuovo direzione a Buck.

"Ha!" befallde Thornton och ändrade Bucks riktning igen.

Buck ripeté la mossa, questa volta tirando bruscamente verso sinistra.

Buck upprepade rörelsen, den här gången drog han skarpt åt vänster.

La slitta scricchiolava più forte, i pattini schioccavano e si spostavano.

Kälken knarrade högre, medarna knäppte och rörde sig.

Il pesante carico scivolò leggermente di lato sulla neve ghiacciata.

Den tunga lasten gled lätt i sidled över den frusna snön.

La slitta si era liberata dalla presa del sentiero ghiacciato!

Kälken hade lossnat från den isiga ledens grepp!

Gli uomini trattennero il respiro, inconsapevoli di non stare nemmeno respirando.

Männen höll andan, omedvetna om att de inte ens andades.

"Ora, TIRA!" gridò Thornton nel silenzio glaciale.

"DRA NU!" ropade Thornton över den frusna tystnaden.

Il comando di Thornton risuonò netto, come lo schiocco di una frusta.

Thorntons kommando ljöd skarpt, som ljudet av en piska.

Buck si lanciò in avanti con un affondo violento e violento.

Buck kastade sig framåt med ett våldsamt och skakande utfall.

Tutto il suo corpo si irrigidì e si contrasse sotto l'enorme sforzo.

Hela hans kropp spändes och knöts ihop av den massiva påfrestningen.

I muscoli si muovevano sotto la pelliccia come serpenti che prendevano vita.

Musklerna krusade sig under hans päls likt ormar som vaknar till liv.

Il suo grande petto era basso e la testa era protesa in avanti verso la slitta.

Hans stora bröstkorg var sänkt, huvudet sträckt framåt mot släden.

Le sue zampe si muovevano come fulmini e gli artigli fendevano il terreno ghiacciato.

Hans tassar rörde sig som blixten, klor skar den frusna marken.

I solchi erano profondi mentre lottava per ogni centimetro di trazione.

Djupa spår skars upp medan han kämpade för varje centimeter av grepp.

La slitta ondeggiò, tremò e cominciò a muoversi lentamente e in modo inquieto.

Kälken gungade, darrade och började en långsam, orolig rörelse.

Un piede scivolò e un uomo tra la folla gemette ad alta voce.

En fot halkade, och en man i folkmassan stönade högt.

Poi la slitta si lanciò in avanti con un movimento brusco e a scatti.

Sedan kastade sig släden framåt i en ryckig, grov rörelse.

Non si fermò più: mezzo pollice...un pollice...cinque pollici in più.

Det stannade inte igen – en halv tum... en tum... två tum till.

Gli scossoni si fecero più lievi man mano che la slitta cominciava ad acquistare velocità.

Ryckningarna blev mindre allt eftersom släden började öka i fart.

Presto Buck cominciò a tirare con una potenza fluida e uniforme.

Snart drog Buck med mjuk, jämn, rullande kraft.

Gli uomini sussultarono e finalmente si ricordarono di respirare di nuovo.

Männen kippade efter andan och kom äntligen ihåg att andas igen.

Non si erano accorti che il loro respiro si era fermato per lo stupore.

De hade inte märkt att deras andedräkt hade upphört i vördnad.

Thornton gli corse dietro, gridando comandi brevi e allegri.

Thornton sprang bakom och ropade korta, glada befallningar.

Davanti a noi c'era una catasta di legna da ardere che segnava la distanza.

Framför låg en hög med ved som markerade avståndet.

Mentre Buck si avvicinava al mucchio, gli applausi diventavano sempre più forti.

När Buck närmade sig högen blev jublet högre och högre.

Gli applausi crebbero fino a diventare un boato quando Buck superò il traguardo.

Jublet svällde till ett vrål när Buck passerade slutpunkten.

Gli uomini saltarono e gridarono, perfino Matthewson sorrise.

Män hoppade och skrek, till och med Matthewson brast ut i ett flin.

I cappelli volavano in aria e i guanti venivano lanciati senza pensarci o mirare.

Hattar flög upp i luften, vantar kastades utan tanke eller sikte.

Gli uomini si afferrarono e si strinsero la mano senza sapere chi.

Männen grep tag i varandra och skakade hand utan att veta vem.

Tutta la folla era in delirio, in un tripudio di gioia e di entusiasmo.

Hela folkmassan surrade av vilt, glädjefyllt jubel.

Thornton cadde in ginocchio accanto a Buck con le mani tremanti.

Thornton föll ner på knä bredvid Buck med darrande händer.

Premette la testa contro quella di Buck e lo scosse delicatamente avanti e indietro.

Han tryckte sitt huvud mot Bucks och skakade honom försiktigt fram och tillbaka.

Chi si avvicinava lo sentiva maledire il cane con amore silenzioso.

De som närmade sig hörde honom förbanna hunden med stillsam kärlek.

Imprecò a lungo contro Buck, con dolcezza, calore, emozione.

Han svor åt Buck länge – mjukt, varmt, med känslor.

"Bene, signore! Bene, signore!" esclamò di corsa il re della panchina di Skookum.

"Bra, herrn! Bra, herrn!" ropade Skookum-bänkskungen i all hast.

"Le darò mille, anzi milleduecento, per quel cane, signore!"

"Jag ger er tusen – nej, tolvhundra – för den där hunden, herrn!"

Thornton si alzò lentamente in piedi, con gli occhi brillanti di emozione.

Thornton reste sig långsamt upp, hans ögon lyste av känslor.

Le lacrime gli rigavano le guance senza alcuna vergogna.

Tårar strömmade öppet nerför hans kinder utan någon skam.

"Signore", disse al re della panchina di Skookum, con fermezza e fermezza

"Herre", sade han till kungen av Skookum-bänken, stadig och bestämd

"No, signore. Può andare all'inferno, signore. Questa è la mia risposta definitiva."

"Nej, sir. Ni kan dra åt helvete, sir. Det är mitt slutgiltiga svar."

Buck afferrò delicatamente la mano di Thornton tra le sue forti mascelle.

Buck grep försiktigt Thorntons hand med sina starka käkar.

Thornton lo scosse scherzosamente; il loro legame era più profondo che mai.

Thornton skakade honom lekfullt, deras band var lika djupt som alltid.

La folla, commossa dal momento, fece un passo indietro in silenzio.

Folkmassan, berörd av ögonblicket, tog ett tyst steg tillbaka.

Da quel momento in poi nessuno osò più interrompere un affetto così sacro.

Från och med då vågade ingen avbryta sådan helig tillgivenhet.

Il suono della chiamata
Ljudet av samtalet

Buck aveva guadagnato milleseicento dollari in cinque minuti.
Buck hade tjänat sextonhundra dollar på fem minuter.

Il denaro permise a John Thornton di saldare alcuni dei suoi debiti.
Pengarna lät John Thornton betala av en del av sina skulder.

Con il resto del denaro si diresse verso est insieme ai suoi soci.
Med resten av pengarna begav han sig österut med sina partners.

Cercarono una leggendaria miniera perduta, antica quanto il paese stesso.
De sökte efter en sägenomspunnen förlorad gruva, lika gammal som landet självt.

Molti uomini avevano cercato la miniera, ma pochi l'avevano trovata.
Många män hade letat efter gruvan, men få hade någonsin hittat den.

Molti uomini erano scomparsi durante la pericolosa ricerca.
Mer än ett fåtal män hade försvunnit under den farliga jakten.

Questa miniera perduta era avvolta nel mistero e nella vecchia tragedia.
Denna förlorade gruva var insvept i både mystik och gammal tragedi.

Nessuno sapeva chi fosse stato il primo uomo a scoprire la miniera.
Ingen visste vem den första mannen som hittade gruvan hade varit.

Le storie più antiche non menzionano nessuno per nome.
De äldsta berättelserna nämner ingen vid namn.

Lì c'era sempre stata una vecchia capanna fatiscente.
Där hade alltid funnits en gammal fallfärdig stuga.

I moribondi avevano giurato che vicino a quella vecchia capanna ci fosse una miniera.

Döende män hade svurit att det fanns en gruva bredvid den gamla stugan.

Hanno dimostrato le loro storie con un oro che non ha eguali altrove.

De bevisade sina historier med guld som inget annat finns.

Nessuna anima viva aveva mai saccheggiato il tesoro da quel luogo.

Ingen levande själ hade någonsin plundrat skatten från den platsen.

I morti erano morti e i morti non raccontano storie.

De döda var döda, och döda män berättar inga historier.

Così Thornton e i suoi amici si diressero verso Est.

Så Thornton och hans vänner begav sig österut.

Si unirono a noi Pete e Hans, portando con sé Buck e sei cani robusti.

Pete och Hans anslöt sig, medförande Buck och sex starka hundar.

Si avviarono lungo un sentiero sconosciuto dove altri avevano fallito.

De gav sig av in på en okänd stig där andra hade misslyckats.

Percorsero in slitta settanta miglia lungo il fiume Yukon ghiacciato.

De åkte kälk drygt sju mil uppför den frusna Yukonfloden.

Girarono a sinistra e seguirono il sentiero verso lo Stewart.

De svängde vänster och följde leden in i Stewart.

Superarono il Mayo e il McQuestion e proseguirono oltre.

De passerade Mayo och McQuestion och fortsatte vidare.

Lo Stewart si restringeva fino a diventare un ruscello, infilandosi tra cime frastagliate.

Stewartfloden krympte in i en bäck och släpade sig längs spetsiga toppar.

Queste vette aguzze rappresentavano la spina dorsale del continente.

Dessa vassa toppar markerade själva kontinentens ryggrad.

John Thornton pretendeva poco dagli uomini e dalla terra selvaggia.

John Thornton krävde föga av människor eller det vilda landskapet.

Non temeva nulla della natura e affrontava la natura selvaggia con disinvoltura.

Han fruktade ingenting i naturen och mötte vildmarken med lätthet.

Con solo del sale e un fucile poteva viaggiare dove voleva.

Med bara salt och ett gevär kunde han resa vart han ville.

Come gli indigeni, durante il viaggio cacciava per procurarsi il cibo.

Liksom infödingarna jagade han mat medan han färdades.

Se non prendeva nulla, continuava ad andare avanti, confidando nella fortuna che lo attendeva.

Om han inte fångade något fortsatte han och litade på turen.

Durante questo lungo viaggio, la carne era l'alimento principale di cui si nutrivano.

På denna långa resa var kött det viktigaste de åt.

La slitta trasportava attrezzi e munizioni, ma non c'era un orario preciso.

Släden innehöll verktyg och ammunition, men inget strikt tidtabell.

Buck amava questo vagabondare, la caccia e la pesca senza fine.

Buck älskade detta irrande; den oändliga jakten och fisket.

Per settimane viaggiarono senza sosta, giorno dopo giorno.

I veckor reste de dag efter stadig dag.

Altre volte si accampavano e restavano fermi per settimane.

Andra gånger slog de läger och stannade stilla i veckor.

I cani riposarono mentre gli uomini scavavano nel terreno ghiacciato.

Hundarna vilade medan männen grävde genom frusen jord.

Scaldavano le padelle sul fuoco e cercavano l'oro nascosto.

De värmde pannor över eldar och letade efter gömt guld.

C'erano giorni in cui pativano la fame, altri in cui banchettavano.

Vissa dagar svalt de, och andra dagar hade de fester.

Il loro pasto dipendeva dalla selvaggina e dalla fortuna della caccia.
Deras måltider berodde på viltet och jaktturen.
Con l'arrivo dell'estate, uomini e cani caricavano carichi sulle spalle.
När sommaren kom packade män och hundar bördor på sina ryggar.
Fecero rafting sui laghi azzurri nascosti nelle foreste di montagna.
De forsrännade över blå sjöar gömda i bergskogar.
Navigavano su imbarcazioni sottili su fiumi che nessun uomo aveva mai mappato.
De seglade smala båtar på floder som ingen människa någonsin hade kartlagt.
Quelle barche venivano costruite con gli alberi che avevano segato in natura.
De där båtarna byggdes av träd som de sågade i naturen.

Passarono i mesi e loro viaggiarono attraverso terre selvagge e sconosciute.
Månaderna gick, och de slingrade sig genom de vilda okända länderna.
Non c'erano uomini lì, ma vecchie tracce lasciavano intendere che alcuni di loro fossero presenti.
Det fanns inga män där, men gamla spår antydde att det hade funnits män.
Se la Capanna Perduta fosse esistita davvero, allora altre persone in passato erano passate da lì.
Om den förlorade stugan var verklig, så hade andra en gång kommit hit.
Attraversavano passi alti durante le bufere di neve, anche d'estate.
De korsade höga pass i snöstormar, även under sommaren.
Rabbrividivano sotto il sole di mezzanotte sui pendii brulli delle montagne.
De huttrade under midnattssolen på kala bergssluttningar.

Tra il limite degli alberi e i campi di neve, salivano lentamente.

Mellan trädgränsen och snöfälten klättrade de långsamt.

Nelle valli calde, scacciavano nuvole di moscerini e mosche.

I varma dalar slog de mot moln av knott och flugor.

Raccolsero bacche dolci vicino ai ghiacciai nel pieno della fioritura estiva.

De plockade söta bär nära glaciärer i full sommarblomning.

I fiori che trovarono erano belli quanto quelli del Southland.

Blommorna de hittade var lika vackra som de i Söderlandet.

Quell'autunno giunsero in una regione solitaria piena di laghi silenziosi.

Den hösten nådde de en enslig region fylld med tysta sjöar.

La terra era triste e vuota, un tempo brulicava di uccelli e animali.

Landet var sorgset och tomt, en gång levt av fåglar och djur.

Ora non c'era più vita, solo il vento e il ghiaccio che si formava nelle pozze.

Nu fanns det inget liv, bara vinden och isen som bildades i pölar.

Le onde lambivano le rive deserte con un suono dolce e lugubre.

Vågor sköljde mot tomma stränder med ett mjukt, sorgset ljud.

Arrivò un altro inverno e loro seguirono di nuovo deboli e vecchi sentieri.

Ännu en vinter kom, och de följde återigen svaga, gamla stigar.

Erano le tracce di uomini che avevano cercato molto prima di loro.

Dessa var spåren efter män som hade sökt långt före dem.

Una volta trovarono un sentiero che si inoltrava nel profondo della foresta oscura.

En gång hittade de en stig djupt in i den mörka skogen.

Era un vecchio sentiero e sentivano che la baita perduta era vicina.

Det var en gammal stig, och de kände att den förlorade stugan var nära.

Ma il sentiero non portava da nessuna parte e si perdeva nel fitto del bosco.

Men stigen ledde ingenstans och bleknade bort in i den täta skogen.

Nessuno sapeva chi avesse tracciato il sentiero e perché lo avesse fatto.

Vem som än gjorde leden, och varför de gjorde den, visste ingen.

Più tardi trovarono i resti di una capanna nascosta tra gli alberi.

Senare hittade de vraket av en stuga gömd bland träden.

Coperte marce erano sparse dove un tempo qualcuno aveva dormito.

Ruttnande filtar låg utspridda där någon en gång hade sovit.

John Thornton trovò sepolto all'interno un fucile a pietra focaia a canna lunga.

John Thornton hittade ett flintlås med lång pipa begravt inuti.

Sapeva fin dai primi tempi che si trattava di un cannone della Hudson Bay.

Han visste att detta var en Hudson Bay-kanon från tidiga handelsdagar.

A quei tempi, tali armi venivano barattate con pile di pelli di castoro.

På den tiden byttes sådana vapen mot högar av bäverskinn.

Questo era tutto: non rimaneva alcuna traccia dell'uomo che aveva costruito la loggia.

Det var allt – ingen ledtråd återstod om mannen som byggt stugan.

Arrivò di nuovo la primavera e non trovarono traccia della Capanna Perduta.

Våren kom igen, och de fann inga tecken på den Försvunna Stugan.

Invece trovarono un'ampia valle con un ruscello poco profondo.

Istället fann de en bred dal med en grund bäck.

L'oro si stendeva sul fondo della pentola come burro giallo e liscio.

Guld låg över pannbottnarna som slätt, gult smör.

Si fermarono lì e non cercarono oltre la cabina.

De stannade där och letade inte längre efter stugan.

Ogni giorno lavoravano e ne trovavano migliaia di pezzi in polvere d'oro.

Varje dag arbetade de och fann tusentals i gulddamm.

Confezionarono l'oro in sacchi di pelle di alce, da cinquanta libbre ciascuno.

De packade guldet i påsar med älgskinn, femtio pund styck.

I sacchi erano accatastati come legna da ardere fuori dal loro piccolo rifugio.

Väskorna var staplade som ved utanför deras lilla stuga.

Lavoravano come giganti e i giorni trascorrevano veloci come sogni.

De arbetade som jättar, och dagarna gick som snabba drömmar.

Accumularono tesori mentre gli infiniti giorni trascorrevano rapidamente.

De samlade skatter medan de oändliga dagarna snabbt rann förbi.

I cani avevano ben poco da fare, se non trasportare la carne di tanto in tanto.

Det fanns inte mycket för hundarna att göra förutom att bära kött då och då.

Thornton cacciò e uccise la selvaggina, mentre Buck si sdraiò accanto al fuoco.

Thornton jagade och dödade viltet, och Buck låg vid elden.

Trascorse lunghe ore in silenzio, perso nei pensieri e nei ricordi.

Han tillbringade långa timmar i tystnad, försjunken i tankar och minnen.

L'immagine dell'uomo peloso tornava sempre più spesso alla mente di Buck.

Bilden av den hårige mannen dök upp allt oftare i Bucks sinne.

Ora che il lavoro scarseggiava, Buck sognava mentre sbatteva le palpebre verso il fuoco.

Nu när arbetet var knappt, drömde Buck medan han blinkade mot elden.

In quei sogni, Buck vagava con l'uomo in un altro mondo.

I de drömmarna vandrade Buck med mannen i en annan värld.

La paura sembrava il sentimento più forte in quel mondo lontano.

Rädsla verkade vara den starkaste känslan i den avlägsna världen.

Buck vide l'uomo peloso dormire con la testa bassa.

Buck såg den hårige mannen sova med huvudet sänkt.

Aveva le mani giunte e il suo sonno era agitato e interrotto.

Hans händer var knäppta, och hans sömn var orolig och avbruten.

Si svegliava di soprassalto e fissava il buio con timore.

Han brukade vakna med ett ryck och stirra förskräckt in i mörkret.

Poi aggiungeva altra legna al fuoco per mantenere viva la fiamma.

Sedan kastade han mer ved på elden för att hålla lågan stark.

A volte camminavano lungo una spiaggia in riva a un mare grigio e infinito.

Ibland promenerade de längs en strand vid ett grått, oändligt hav.

L'uomo peloso raccolse i frutti di mare e li mangiò mentre camminava.

Den hårige mannen plockade skaldjur och åt dem medan han gick.

I suoi occhi cercavano sempre pericoli nascosti nell'ombra.

Hans ögon sökte alltid efter dolda faror i skuggorna.

Le sue gambe erano sempre pronte a scattare al primo segno di minaccia.

Hans ben var alltid redo att spurta vid första tecken på hot.

Avanzavano furtivamente nella foresta, silenziosi e cauti, uno accanto all'altro.

De smög genom skogen, tysta och vaksamma, sida vid sida.

Buck lo seguì alle calcagna, ed entrambi rimasero all'erta.

Buck följde i hans hästar, och båda förblev vaksamma.

Le loro orecchie si muovevano e si contraevano, i loro nasi fiutavano l'aria.

Deras öron ryckte och rörde sig, deras näsor sniffade i luften.

L'uomo riusciva a sentire e ad annusare la foresta in modo altrettanto acuto quanto Buck.

Mannen kunde höra och känna lukten av skogen lika skarpt som Buck.

L'uomo peloso si lanciò tra gli alberi a velocità improvvisa.

Den hårige mannen svängde sig genom träden med plötslig hastighet.

Saltava da un ramo all'altro senza mai perdere la presa.

Han hoppade från gren till gren och tappade aldrig greppet.

Si muoveva con la stessa rapidità con cui si muoveva sopra e sopra il terreno.

Han rörde sig lika snabbt ovanför marken som han gjorde på den.

Buck ricordava le lunghe notti passate sotto gli alberi a fare la guardia.

Buck mindes långa nätter under träden, där han höll vakt.

L'uomo dormiva appollaiato sui rami, aggrappandosi forte.

Mannen sov och hvilade i grenarna och klamrade sig hårt fast.

Questa visione dell'uomo peloso era strettamente legata al richiamo profondo.

Denna syn av den hårige mannen var nära knuten till det djupa kallet.

Il richiamo risuonava ancora nella foresta con una forza inquietante.

Ropet ljöd fortfarande genom skogen med spöklik kraft.

La chiamata riempì Buck di desiderio e di un inquieto senso di gioia.

Samtalet fyllde Buck med längtan och en rastlös känsla av glädje.

Sentì strani impulsi e stimoli a cui non riusciva a dare un nome.

Han kände märkliga drifter och impulser som han inte kunde namnge.

A volte seguiva la chiamata inoltrandosi nel silenzio dei boschi.

Ibland följde han kallelsen djupt in i den tysta skogen.

Cercava il richiamo, abbaiando piano o bruscamente mentre camminava.

Han sökte efter ropet och skällde mjukt eller skarpt allt eftersom han gick.

Annusò il muschio e il terreno nero dove cresceva l'erba.

Han luktade på mossan och den svarta jorden där gräset växte.

Sbuffò di piacere sentendo i ricchi odori della terra profonda.

Han fnös av förtjusning åt de rika dofterna från den djupa jorden.

Rimase accovacciato per ore dietro i tronchi ricoperti di funghi.

Han hukade sig i timmar bakom stammar täckta av svamp.

Rimase immobile, ascoltando con gli occhi sgranati ogni minimo rumore.

Han stod stilla och lyssnade med stora ögon på varje litet ljud.

Forse sperava di sorprendere la cosa che aveva emesso la chiamata.

Han kanske hoppades kunna överraska den sak som ringde.

Non sapeva perché si comportava in quel modo: lo faceva e basta.

Han visste inte varför han agerade så här – han bara gjorde det.

Questi impulsi provenivano dal profondo, al di là del pensiero o della ragione.

Driften kom djupt inifrån, bortom tanke eller förnuft.

Buck fu colto da impulsi irresistibili, senza preavviso o motivo.

Oemotståndliga drifter grep tag i Buck utan förvarning eller anledning.

A volte sonnecchiava pigramente nell'accampamento, sotto il caldo di mezzogiorno.

Ibland slumrade han lojt i lägret i middagsvärmen.

All'improvviso sollevò la testa e le sue orecchie si drizzarono in allerta.

Plötsligt lyftes hans huvud och hans öron skjuter i höjden.

Poi balzò in piedi e si lanciò nella natura selvaggia senza fermarsi.

Sedan sprang han upp och rusade ut i vildmarken utan att stanna.

Corse per ore attraverso sentieri forestali e spazi aperti.

Han sprang i timmar genom skogsstigar och öppna ytor.

Amava seguire i letti asciutti dei torrenti e spiare gli uccelli sugli alberi.

Han älskade att följa torra bäckfåror och spionera på fåglar i träden.

Poteva restare nascosto tutto il giorno, osservando le pernici che si pavoneggiavano in giro.

Han kunde ligga gömd hela dagen och titta på rapphöns som spatserade omkring.

Suonavano i tamburi e marciavano, ignari della presenza immobile di Buck.

De trummade och marscherade, omedvetna om Bucks stilla närvaro.

Ma ciò che amava di più era correre al crepuscolo estivo.

Men det han älskade mest var att springa i skymningen på sommaren.

La luce fioca e i suoni assonnati della foresta lo riempivano di gioia.

Det svaga ljuset och de sömniga skogsljuden fyllde honom med glädje.

Leggeva i cartelli della foresta con la stessa chiarezza con cui un uomo legge un libro.

Han läste skogens tecken lika tydligt som en man läser en bok.

E cercava sempre la strana cosa che lo chiamava.

Och han sökte alltid efter den märkliga saken som kallade på honom.

Quella chiamata non si è mai fermata: lo raggiungeva sia da sveglio che nel sonno.

Den kallelsen upphörde aldrig – den nådde honom vaken eller sovande.

Una notte si svegliò di soprassalto, con gli occhi acuti e le orecchie tese.

En natt vaknade han ryckte till, med skarpa ögon och höga öron.

Le sue narici si contrassero mentre la sua criniera si rizzava in onde.

Hans näsborrar ryckte till medan hans man stod borstig i vågor.

Dal profondo della foresta giunse di nuovo quel suono, il vecchio richiamo.

Från djupet av skogen kom ljudet igen, det gamla ropet.

Questa volta il suono risuonò chiaro, un ululato lungo, inquietante e familiare.

Den här gången ljöd ljudet tydligt, ett långt, spöklikt, bekant ylande.

Era come il verso di un husky, ma dal tono strano e selvaggio.

Det var som en huskys rop, men konstigt och vilt i tonen.

Buck riconobbe subito quel suono: lo aveva già sentito molto tempo prima.

Buck kände igen ljudet genast – han hade hört exakt det ljudet för länge sedan.

Attraversò con un balzo l'accampamento e scomparve rapidamente nel bosco.

Han hoppade genom lägret och försvann snabbt in i skogen.

Avvicinandosi al suono, rallentò e si mosse con cautela.

När han närmade sig ljudet saktade han ner och rörde sig försiktigt.

Presto raggiunse una radura tra fitti pini.

Snart nådde han en glänta mellan täta tallar.

Lì, ritto sulle zampe posteriori, sedeva un lupo grigio alto e magro.

Där, upprätt på bakbenen, satt en lång, mager skogsvarg.

Il naso del lupo puntava verso il cielo, continuando a riecheggiare il richiamo.

Vargens nos pekade mot himlen, fortfarande ekande av ropet.

Buck non aveva emesso alcun suono, eppure il lupo si fermò e ascoltò.

Buck hade inte låtit ifrån sig något ljud, ändå stannade vargen och lyssnade.

Percependo qualcosa, il lupo si irrigidì e scrutò l'oscurità.

Vargen kände något, spände sig och sökte i mörkret.

Buck si fece avanti furtivamente, con il corpo basso e i piedi ben appoggiati al terreno.

Buck smög sig in i sikte, med låg kropp och fötterna tysta på marken.

La sua coda era dritta e il suo corpo era teso e teso.

Hans svans var rak, hans kropp spänd av spänning.

Manifestava sia un atteggiamento minaccioso che una sorta di rude amicizia.

Han visade både hot och ett slags rå vänskap.

Era il saluto cauto tipico delle bestie selvatiche.

Det var den försiktiga hälsning som delas av vilda djur.

Ma il lupo si voltò e fuggì non appena vide Buck.

Men vargen vände sig om och flydde så fort den såg Buck.

Buck si lanciò all'inseguimento, saltando selvaggiamente, desideroso di raggiungerlo.

Buck jagade efter den, hoppade vilt, ivrig att hinna om den.

Seguì il lupo in un ruscello secco bloccato da un ingorgo di tronchi.

Han följde vargen in i en torr bäck som var blockerad av en timmerstockning.

Messo alle strette, il lupo si voltò e rimase fermo.

Inträngd i ett hörn snurrade vargen om och stod fast.

Il lupo ringhiò e schioccò i denti come un husky intrappolato in una rissa.

Vargen morrade och fräste som en instängd huskyhund i ett slagsmål.

I denti del lupo schioccarono rapidamente e il suo corpo si irrigidì per la furia selvaggia.

Vargens tänder klickade snabbt, dess kropp borstade av vild ursinne.

Buck non attaccò, ma girò intorno al lupo con attenta cordialità.

Buck attackerade inte utan gick omgivande runt vargen med försiktig vänlighet.

Cercò di bloccargli la fuga con movimenti lenti e innocui.

Han försökte hindra sin flykt med långsamma, ofarliga rörelser.

Il lupo era cauto e spaventato: Buck lo superava di peso tre volte.

Vargen var vaksam och rädd – Buck var tre gånger starkare än honom.

La testa del lupo arrivava a malapena all'altezza della spalla massiccia di Buck.

Vargens huvud nådde knappt upp till Bucks massiva axel.

Il lupo, attento a individuare un varco, si lanciò e l'inseguimento ricominciò.

Vargen spanade efter en lucka, flydde och jakten började igen.

Buck lo mise alle strette più volte e la danza si ripeté.

Flera gånger trängde Buck honom in i ett hörn, och dansen upprepade sig.

Il lupo era magro e debole, altrimenti Buck non avrebbe potuto catturarlo.

Vargen var mager och svag, annars kunde Buck inte ha fångat honom.

Ogni volta che Buck si avvicinava, il lupo si girava di scatto e lo affrontava spaventato.

Varje gång Buck närmade sig snurrade vargen runt och mötte honom i rädsla.

Poi, alla prima occasione, si precipitò di nuovo nel bosco.

Sedan, vid första chansen, rusade han iväg in i skogen igen.

Ma Buck non si arrese e alla fine il lupo imparò a fidarsi di lui.

Men Buck gav inte upp, och till slut började vargen lita på honom.

Annusò il naso di Buck e i due diventarono giocosi e attenti.

Han snörvlade Bucks näsa, och de två blev lekfulla och vaksamma.

Giocavano come animali selvaggi, feroci ma timidi nella loro gioia.

De lekte som vilda djur, vildsinta men blyga i sin glädje.

Dopo un po' il lupo trotterellò via con calma e decisione.

Efter en stund travade vargen iväg med lugnt och avsiktligt.

Dimostrò chiaramente a Buck che intendeva essere seguito.

Han visade tydligt Buck att han ville bli förföljd.

Correvano fianco a fianco nel buio della sera.

De sprang sida vid sida genom skymningsmörkret.

Seguirono il letto del torrente fino alla gola rocciosa.

De följde bäckfåran upp i den klippiga ravinen.

Attraversarono un freddo spartiacque nel punto in cui aveva avuto origine il fiume.

De korsade en kall klyfta där strömmen hade börjat.

Sul pendio più lontano trovarono un'ampia foresta e molti corsi d'acqua.

På den bortre sluttningen fann de vidsträckt skog och många bäckar.

Corsero per ore senza fermarsi attraverso quella terra immensa.

Genom detta vidsträckta land sprang de i timmar utan att stanna.

Il sole saliva sempre più alto, l'aria si faceva calda, ma loro continuavano a correre.

Solen steg högre, luften blev varmare, men de sprang vidare.

Buck era pieno di gioia: sapeva di aver risposto alla sua chiamata.

Buck var fylld av glädje – han visste att han svarade på sitt kall.

Corse accanto al fratello della foresta, più vicino alla fonte della chiamata.

Han sprang bredvid sin skogsbror, närmare källan till samtalet.

I vecchi sentimenti ritornano, potenti e difficili da ignorare.

Gamla känslor återvände, starka och svåra att ignorera.

Queste erano le verità nascoste nei ricordi dei suoi sogni.

Det här var sanningarna bakom minnena från hans drömmar.

Tutto questo lo aveva già fatto in un mondo lontano e oscuro.

Han hade gjort allt detta förut i en avlägsen och skuggig värld.

Questa volta lo fece di nuovo, scatenandosi con il cielo aperto sopra di lui.

Nu gjorde han detta igen, och sprang vilt med den öppna himlen ovanför.

Si fermarono presso un ruscello per bere l'acqua fredda che scorreva.

De stannade vid en bäck för att dricka av det kalla, strömmande vattnet.

Mentre beveva, Buck si ricordò improvvisamente di John Thornton.

Medan han drack kom Buck plötsligt ihåg John Thornton.

Si sedette in silenzio, lacerato dal sentimento di lealtà e dalla chiamata.

Han satte sig ner i tystnad, sliten av lojalitetens och kallelsens dragningskraft.

Il lupo continuò a trottare, ma tornò indietro per incitare Buck ad andare avanti.

Vargen travade vidare, men kom tillbaka för att mana Buck framåt.

Gli annusò il naso e cercò di convincerlo con gesti gentili.

Han snörvlade på näsan och försökte locka honom med mjuka gester.

Ma Buck si voltò e riprese a tornare indietro per la strada da cui era venuto.

Men Buck vände sig om och började gå tillbaka samma väg som han kommit.

Il lupo gli corse accanto per molto tempo, guaindo piano.

Vargen sprang bredvid honom en lång stund och gnällde tyst.

Poi si sedette, alzò il naso ed emise un lungo ululato.

Sedan satte han sig ner, höjde på näsan och släppte ut ett långt ylande.

Era un grido lugubre, che si addolcì mentre Buck si allontanava.

Det var ett sorgset skrik som mjuknade när Buck gick därifrån.

Buck ascoltò mentre il suono del grido svaniva lentamente nel silenzio della foresta.

Buck lyssnade medan ljudet av ropet långsamt försvann in i skogens tystnad.

John Thornton stava cenando quando Buck irruppe nell'accampamento.

John Thornton åt middag när Buck stormade in i lägret.

Buck gli saltò addosso selvaggiamente, leccandolo, mordendolo e facendolo rotolare.

Buck hoppade vilt på honom, slickade, bet och fällde honom.

Lo fece cadere, gli saltò sopra e gli baciò il viso.

Han välte honom, klättrade upp på honom och kysste honom i ansiktet.

Thornton lo definì con affetto "fare il buffone".

Thornton kallade detta att "spela den allmänna dåren" med tillgivenhet.

Nel frattempo, imprecava dolcemente contro Buck e lo scuoteva avanti e indietro.

Hela tiden förbannade han Buck milt och skakade honom fram och tillbaka.

Per due interi giorni e due notti, Buck non lasciò l'accampamento nemmeno una volta.

I två hela dagar och nätter lämnade Buck inte lägret en enda gång.

Si teneva vicino a Thornton e non lo perdeva mai di vista.

Han höll sig nära Thornton och släppte honom aldrig ur sikte.

Lo seguiva mentre lavorava e lo osservava mentre mangiava.

Han följde honom medan han arbetade och iakttog honom medan han åt.

Di notte vedeva Thornton avvolto nelle sue coperte e ogni mattina lo vedeva uscire.

Han såg Thornton ligga nere i sina filtar på natten och vara ute varje morgon.

Ma presto il richiamo della foresta ritornò, più forte che mai.

Men snart återvände skogens rop, högre än någonsin förr.

Buck si sentì di nuovo irrequieto, agitato dal pensiero del lupo selvatico.

Buck blev rastlös igen, upprörd av tankar på den vilda vargen.

Ricordava la terra aperta e le corse fianco a fianco.

Han mindes det öppna landskapet och att de sprang sida vid sida.

Ricominciò a vagare nella foresta, solo e vigile.

Han började vandra in i skogen igen, ensam och vaken.

Ma il fratello selvaggio non tornò e l'ululato non fu udito.

Men den vilde brodern återvände inte, och ylandet hördes inte.

Buck cominciò a dormire all'aperto, restando lontano anche per giorni interi.

Buck började sova utomhus och höll sig borta i flera dagar i sträck.

Una volta attraversò l'alto spartiacque dove aveva origine il torrente.

En gång korsade han den höga klyftan där bäcken hade börjat.

Entrò nella terra degli alberi scuri e dei grandi corsi d'acqua.

Han kom in i det mörka skogslandet och de vida, strömmande bäckarna.

Vagò per una settimana alla ricerca di tracce del fratello selvaggio.

I en vecka vandrade han omkring och letade efter tecken på den vilde brodern.

Uccideva la propria carne e viaggiava a passi lunghi e instancabili.

Han dödade sitt eget kött och färdades med långa, outtröttliga steg.

Pescò salmoni in un ampio fiume che arrivava fino al mare.

Han fiskade lax i en bred älv som nådde havet.

Lì lottò e uccise un orso nero reso pazzo dagli insetti.
Där kämpade han mot och dödade en svartbjörn som var
galen av insekter.
L'orso stava pescando e corse alla cieca tra gli alberi.
Björnen hade fiskat och sprang i blindo genom träden.
**La battaglia fu feroce e risvegliò il profondo spirito
combattivo di Buck.**
Striden var hård och väckte Bucks djupa kampanda.
**Due giorni dopo, Buck tornò e trovò dei ghiottoni nei pressi
della sua preda.**
Två dagar senare återvände Buck och fann järvar vid sitt byte.
**Una dozzina di loro litigarono furiosamente e
rumorosamente per la carne.**
Ett dussin av dem grälade om köttet i högljudd ursinne.
Buck caricò e li disperse come foglie al vento.
Buck anföll och spred dem som löv i vinden.
**Due lupi rimasero indietro: silenziosi, senza vita e immobili
per sempre.**
Två vargar blev kvar – tysta, livlösa och orörliga för evigt.
La sete di sangue divenne più forte che mai.
Blodstörsten blev starkare än någonsin.
**Buck era un cacciatore, un assassino, che si nutriva di
creature viventi.**
Buck var en jägare, en mördare, som livnärde sig på levande
varelser.
**Sopravvisse da solo, affidandosi alla sua forza e ai suoi sensi
acuti.**
Han överlevde ensam, förlitande på sin styrka och sina skarpa
sinnen.
**Prosperava nella natura selvaggia, dove solo i più forti
potevano sopravvivere.**
Han trivdes i det vilda, där bara de tuffaste fick leva.
**Da ciò nacque un grande orgoglio che riempì tutto l'essere di
Buck.**
Ur detta steg en stor stolthet upp och fyllde hela Bucks
varelse.

Il suo orgoglio traspariva da ogni passo, dal fremito di ogni muscolo.

Hans stolthet syntes i varje steg, i varje muskels krusning.

Il suo orgoglio era evidente, come si vedeva dal suo comportamento.

Hans stolthet var lika tydlig som tal, vilket syntes i hur han bar sig.

Persino il suo spesso mantello appariva più maestoso e splendeva di più.

Till och med hans tjocka päls såg majestätiskare ut och glänste starkare.

Buck avrebbe potuto essere scambiato per un lupo grigio gigante.

Buck kunde ha misstagits för en gigantisk skogsvarg.

A parte il marrone sul muso e le macchie sopra gli occhi.

Förutom brunt på nosen och fläckar ovanför ögonen.

E la striscia bianca di pelo che gli correva lungo il centro del petto.

Och den vita pälsstrimman som löpte ner längs mitten av hans bröst.

Era addirittura più grande del più grande lupo di quella feroce razza.

Han var till och med större än den största vargen av den vildsint rasen.

Suo padre, un San Bernardo, gli ha trasmesso la stazza e la corporatura robusta.

Hans far, en sankt bernhardshund, gav honom storlek och kraftig kroppsbyggnad.

Sua madre, una pastorella, plasmò quella mole conferendole la forma di un lupo.

Hans mor, en herde, formade den där massan till en vargliknande skepnad.

Aveva il muso lungo di un lupo, anche se più pesante e largo.

Han hade en vargs långa nosparti, fast tyngre och bredare.

La sua testa era quella di un lupo, ma di dimensioni enormi e maestose.

Hans huvud var en vargs, men byggt i en massiv, majestätisk skala.

L'astuzia di Buck era l'astuzia del lupo e della natura selvaggia.

Bucks slughet var vargens och vildmarkens slughet.

La sua intelligenza gli venne sia dal Pastore Tedesco che dal San Bernardo.

Hans intelligens kom från både schäfern och sankt bernhard.

Tutto ciò, unito alla dura esperienza, lo rese una creatura temibile.

Allt detta, plus hårda erfarenheter, gjorde honom till en fruktad varelse.

Era formidabile quanto qualsiasi animale che vagasse nelle terre selvagge del nord.

Han var lika formidabel som alla andra bestar som strövade omkring i den norra vildmarken.

Nutrendosi solo di carne, Buck raggiunse l'apice della sua forza.

Buck levde enbart på kött och nådde sin fulla topp.

Trasudava potenza e forza maschile in ogni fibra del suo corpo.

Han flödade över av kraft och manlig kraft i varje fiber av honom.

Quando Thornton gli accarezzò la schiena, i peli brillarono di energia.

När Thornton strök honom över ryggen glittrade hårstråna av energi.

Ogni capello scricchiolava, carico del tocco di un magnetismo vivente.

Varje hårstrå knastrade, laddat med en levande magnetism.

Il suo corpo e il suo cervello erano sintonizzati sulla tonalità più fine possibile.

Hans kropp och hjärna var inställda på finaste möjliga tonhöjd.

Ogni nervo, ogni fibra e ogni muscolo lavoravano in perfetta armonia.

Varje nerv, fiber och muskel fungerade i perfekt harmoni.

A qualsiasi suono o visione che richiedesse un intervento, rispondeva immediatamente.

På varje ljud eller syn som krävde åtgärd reagerade han omedelbart.

Se un husky saltava per attaccare, Buck poteva saltare due volte più velocemente.

Om en husky hoppade för att attackera, kunde Buck hoppa dubbelt så snabbt.

Reagì più rapidamente di quanto gli altri potessero vedere o sentire.

Han reagerade snabbare än andra ens kunde se eller höra.

Percezione, decisione e azione avvennero tutte in un unico, fluido istante.

Uppfattning, beslut och handling kom allt i ett flytande ögonblick.

In realtà si tratta di atti separati, ma troppo rapidi per essere notati.

I själva verket var dessa handlingar separata, men för snabba för att märkas.

Gli intervalli tra questi atti erano così brevi che sembravano uno solo.

Så korta var mellanrummen mellan dessa handlingar att de verkade som en enda.

I suoi muscoli e il suo essere erano come molle strettamente avvolte.

Hans muskler och varelse var som hårt spiralformade fjädrar.

Il suo corpo traboccava di vita, selvaggia e gioiosa nella sua potenza.

Hans kropp böljade av liv, vild och glädjefylld i sin kraft.

A volte aveva la sensazione che la forza stesse per esplodere completamente dentro di lui.

Ibland kändes det som om kraften skulle bryta ur honom helt.

"Non c'è mai stato un cane simile", disse Thornton un giorno tranquillo.

"Det har aldrig funnits en sådan hund", sa Thornton en lugn dag.

I soci osservarono Buck uscire fiero dall'accampamento.

Partnerna såg Buck stolt komma ut ur lägret.

"Quando è stato creato, ha cambiato il modo in cui un cane può essere", ha detto Pete.

"När han blev skapad förändrade han vad en hund kan vara", sa Pete.

"Per Dio! Lo penso anch'io", concordò subito Hans.

"Vid Jesus! Jag tror det själv", höll Hans snabbt med.

Lo videro allontanarsi, ma non il cambiamento che avvenne dopo.

De såg honom marschera iväg, men inte förändringen som kom efteråt.

Non appena entrò nel bosco, Buck si trasformò completamente.

Så fort han kom in i skogen förvandlades Buck fullständigt.

Non marciava più, ma si muoveva come uno spettro selvaggio tra gli alberi.

Han marscherade inte längre, utan rörde sig som ett vilt spöke bland träden.

Divenne silenzioso, come un gatto, un bagliore che attraversava le ombre.

Han blev tyst, kattfotad, en flimmer som for genom skuggorna.

Usava la copertura con abilità, strisciando sulla pancia come un serpente.

Han täckte sig skickligt och kröp på magen som en orm.

E come un serpente, sapeva balzare in avanti e colpire in silenzio.

Och likt en orm kunde han hoppa fram och slå till i tystnad.

Potrebbe rubare una pernice bianca direttamente dal suo nido nascosto.

Han kunde stjäla en ripa direkt från dess gömda bo.

Uccideva i conigli addormentati senza emettere alcun suono.

Han dödade sovande kaniner utan ett enda ljud.

Riusciva a catturare gli scoiattoli a mezz'aria anche se fuggivano troppo lentamente.

Han kunde fånga jordekorrar mitt i luften eftersom de flydde för långsamt.

Nemmeno i pesci nelle pozze riuscivano a sfuggire ai suoi attacchi improvvisi.

Inte ens fiskar i pölar kunde undkomma hans plötsliga hugg.

Nemmeno i furbi castori impegnati a riparare le dighe erano al sicuro da lui.

Inte ens smarta bävrar som lagade dammar var säkra för honom.

Uccideva per nutrirsi, non per divertirsi, ma preferiva uccidere le proprie vittime.

Han dödade för mat, inte för skojs skull – men gillade sina egna mord mest.

Eppure, un umorismo subdolo permeava alcune delle sue cacce silenziose.

Ändå genomsyrades en lömsk humor av några av hans tysta jakter.

Si avvicinò furtivamente agli scoiattoli, solo per lasciarli scappare.

Han kröp nära ekorrarna, bara för att låta dem fly.

Stavano per fuggire tra gli alberi, chiacchierando con rabbia e paura.

De skulle fly till träden, pladdrande av skräckslagen upprördhet.

Con l'arrivo dell'autunno, le alci cominciarono ad apparire in numero maggiore.

När hösten kom började älgar dyka upp i större antal.

Si spostarono lentamente verso le basse valli per affrontare l'inverno.

De rörde sig långsamt in i de låga dalarna för att möta vintern.

Buck aveva già abbattuto un giovane vitello randagio.

Buck hade redan fällt en ung, vilsekommen kalv.

Ma lui desiderava ardentemente affrontare prede più grandi e pericolose.

Men han längtade efter att möta större, farligare byte.

Un giorno, sul crinale, alla sorgente del torrente, trovò la sua occasione.

En dag vid skiljevägen, vid bäckens mynning, fann han sin chans.

Una mandria di venti alci era giunta da terre boscose.
En flock på tjugo älgar hade korsat från skogsmarker.
Tra loro c'era un possente toro, il capo del gruppo.
Bland dem fanns en mäktig tjur; gruppens ledare.
Il toro era alto più di due metri e mezzo e appariva feroce e selvaggio.
Tjuren var över två meter hög och såg vild och stark ut.
Lanciò le sue grandi corna, le cui quattordici punte si diramavano verso l'esterno.
Han slängde sina breda horn, fjorton spetsar förgrenade sig utåt.
Le punte di quelle corna si estendevano per due metri.
Spetsarna på dessa horn sträckte sig två och en halv meter breda.
I suoi piccoli occhi ardevano di rabbia quando vide Buck lì vicino.
Hans små ögon brann av ilska när han fick syn på Buck i närheten.
Emise un ruggito furioso, tremando di rabbia e dolore.
Han släppte ifrån sig ett ursinnigt vrål, darrande av ilska och smärta.
Vicino al suo fianco spuntava la punta di una freccia, appuntita e piumata.
En pilspets stack ut nära hans flank, befjädrad och vass.
Questa ferita contribuì a spiegare il suo umore selvaggio e amareggiato.
Detta sår bidrog till att förklara hans vilda, bittra humör.
Buck, guidato dall'antico istinto di caccia, fece la sua mossa.
Buck, vägledd av uråldrig jaktinstinkt, gjorde sitt ryck.
Il suo obiettivo era separare il toro dal resto della mandria.
Han siktade på att separera tjuren från resten av flocken.
Non era un compito facile: richiedeva velocità e una grande astuzia.
Detta var ingen lätt uppgift – det krävdes snabbhet och skarp list.
Abbaiava e danzava vicino al toro, appena fuori dalla sua portata.

Han skällde och dansade nära tjuren, precis utom räckhåll.

L'alce si lanciò con enormi zoccoli e corna mortali.

Älgen gjorde utfall med enorma hovar och dödliga horn.

Un colpo avrebbe potuto porre fine alla vita di Buck in un batter d'occhio.

Ett enda slag kunde ha avslutat Bucks liv på ett ögonblick.

Incapace di abbandonare la minaccia, il toro si infuriò.

Oförmögen att lämna hotet bakom sig blev tjuren galen.

Lui caricava con furia, ma Buck riusciva sempre a sfuggirgli.

Han anföll i raseri, men Buck smet alltid undan.

Buck finse di essere debole, allontanandosi ulteriormente dalla mandria.

Buck fejkade svaghet och lockade honom längre bort från flocken.

Ma i giovani tori sarebbero tornati alla carica per proteggere il capo.

Men unga tjurar skulle storma tillbaka för att skydda ledaren.

Costrinsero Buck a ritirarsi e il toro a ricongiungersi al gruppo.

De tvingade Buck att retirera och tjuren att återförenas med gruppen.

C'è una pazienza nella natura selvaggia, profonda e inarrestabile.

Det finns ett tålamod i det vilda, djupt och ostoppbart.

Un ragno resta immobile nella sua tela per innumerevoli ore.

En spindel väntar orörlig i sitt nät i otaliga timmar.

Un serpente si avvolge su se stesso senza contrarsi e aspetta il momento giusto.

En orm slingrar sig utan att rycka och väntar tills det är dags.

Una pantera è in agguato, finché non arriva il momento.

En panter ligger i bakhåll, tills ögonblicket är inne.

Questa è la pazienza dei predatori che cacciano per sopravvivere.

Detta är tålamodet hos rovdjur som jagar för att överleva.

La stessa pazienza ardeva dentro Buck mentre gli restava accanto.

Samma tålamod brann inom Buck medan han höll sig nära.

Rimase vicino alla mandria, rallentandone la marcia e incutendo timore.

Han höll sig nära flocken, saktade ner dess marsch och väckte skräck.

Provocava i giovani tori e molestava le mucche madri.

Han retade de unga tjurarna och trakasserade moderkorna.

Spinse il toro ferito in una rabbia ancora più profonda e impotente.

Han drev den sårade tjuren in i ett djupare, hjälplöst raseri.

Per mezza giornata il combattimento si trascinò senza alcuna tregua.

I en halv dag drog kampen ut utan någon som helst vila.

Buck attaccò da ogni angolazione, veloce e feroce come il vento.

Buck anföll från alla håll, snabbt och våldsamt som vinden.

Impedì al toro di riposare o di nascondersi con la mandria.

Han hindrade tjuren från att vila eller gömma sig med sin hjord.

Buck logorò la volontà dell'alce più velocemente del suo corpo.

Bock tärde ut älgens vilja snabbare än dess kropp.

Il giorno passò e il sole tramontò basso nel cielo a nord-ovest.

Dagen gick och solen sjönk lågt på den nordvästra himlen.

I giovani tori tornarono più lentamente per aiutare il loro capo.

De unga tjurarna återvände långsammare för att hjälpa sin ledare.

Erano tornate le notti autunnali e il buio durava ormai sei ore.

Höstnätterna hade återvänt, och mörkret varade nu i sex timmar.

L'inverno li spingeva verso valli più sicure e calde.

Vintern pressade dem utför till säkrare, varmare dalar.

Ma non riuscirono comunque a sfuggire al cacciatore che li tratteneva.

Men de kunde ändå inte undkomma jägaren som höll dem
tillbaka.

**Era in gioco solo una vita: non quella del branco, ma quella
del loro capo.**

Bara ett liv stod på spel – inte flockens, bara deras ledares.

**Ciò rendeva la minaccia lontana e non una loro
preoccupazione urgente.**

Det gjorde hotet avlägset och inte deras akuta angelägenhet.

**Col tempo accettarono questo prezzo e lasciarono che Buck
prendesse il vecchio toro.**

Med tiden accepterade de denna kostnad och lät Buck ta den
gamla tjuren.

**Mentre calava il crepuscolo, il vecchio toro rimase in piedi
con la testa bassa.**

När skymningen föll stod den gamle tjuren med huvudet
nedåt.

**Guardò la mandria che aveva guidato svanire nella luce
morente.**

Han såg hjorden han hade lett försvinna in i det bleknande
ljuset.

**C'erano mucche che aveva conosciuto, vitelli che un tempo
aveva generato.**

Det fanns kor han hade känt, kalvar han en gång hade fått.

**C'erano tori più giovani con cui aveva combattuto e che
aveva dominato nelle stagioni passate.**

Det fanns yngre tjurar som han hade kämpat mot och regerat
under tidigare säsonger.

**Non poteva seguirli, perché davanti a lui era di nuovo
accovacciato Buck.**

Han kunde inte följa dem – ty framför honom hukade sig Buck
återigen.

**Il terrore spietato e zannuto gli bloccava ogni via che potesse
percorrere.**

Den skoningslösa, huggna skräcken blockerade varje väg han
kunde ta.

Il toro pesava più di trecento chili di potenza densa.

Tjuren vägde mer än tre hundra vikt tät kraft.

Aveva vissuto a lungo e lottato duramente in un mondo di difficoltà.

Han hade levt länge och kämpat hårt i en värld av kamp.

Eppure, alla fine, la morte gli venne commessa da una bestia molto più bassa di lui.

Ändå, nu, till slut, kom döden från ett odjur långt under honom.

La testa di Buck non arrivò nemmeno alle enormi ginocchia noccate del toro.

Bucks huvud nådde inte ens tjurens väldiga, knogiga knän.

Da quel momento in poi, Buck rimase con il toro notte e giorno.

Från det ögonblicket stannade Buck hos tjuren natt och dag.

Non gli dava mai tregua, non gli permetteva mai di brucare o bere.

Han gav honom aldrig vila, tillät honom aldrig att beta eller dricka.

Il toro cercò di mangiare giovani germogli di betulla e foglie di salice.

Tjuren försökte äta unga björkskott och pilblad.

Ma Buck lo scacciò, sempre all'erta e sempre all'attacco.

Men Buck drev bort honom, alltid vaken och alltid anfallande.

Anche nei torrenti che scorrevano, Buck bloccava ogni assetato tentativo.

Även vid porlande bäckar blockerade Buck varje törstigt försök.

A volte, in preda alla disperazione, il toro fuggiva a tutta velocità.

Ibland, i desperation, flydde tjuren i full fart.

Buck lo lasciò correre, avanzando tranquillamente dietro di lui, senza mai allontanarsi troppo.

Buck lät honom springa, lugnt hopande strax bakom, aldrig långt borta.

Quando l'alce si fermò, Buck si sdraiò, ma rimase pronto.

När älgen stannade lade sig Buck ner, men förblev redo.

Se il toro provava a mangiare o a bere, Buck colpiva con tutta la sua furia.

Om tjuren försökte äta eller dricka, slog Buck till med full ilska.

La grande testa del toro si abbassava sotto le enormi corna.

Tjurens stora huvud sänktes lägre under dess väldiga horn.

Il suo passo rallentò, il trotto divenne pesante, un'andatura barcollante.

Hans tempo saktade ner, travet blev tungt; en stapplande skritt.

Spesso restava immobile con le orecchie abbassate e il naso rivolto verso il terreno.

Han stod ofta stilla med hängande öron och nosen mot marken.

In quei momenti Buck si prese del tempo per bere e riposare.

Under dessa stunder tog Buck sig tid att dricka och vila.

Con la lingua fuori e gli occhi fissi, Buck sentì che la terra stava cambiando.

Med tungan utsträckt, ögonen fästa, kände Buck att landet förändrades.

Sentì qualcosa di nuovo muoversi nella foresta e nel cielo.

Han kände något nytt röra sig genom skogen och himlen.

Con il ritorno delle alci tornarono anche altre creature selvatiche.

När älgarna återvände, gjorde även andra vilda varelser det.

La terra sembrava viva di una presenza invisibile ma fortemente nota.

Landet kändes levande med närvaro, osynligt men starkt känt.

Buck non lo sapeva tramite l'udito, la vista o l'olfatto.

Det var varken genom ljud, syn eller doft som Buck visste detta.

Un sentimento più profondo gli diceva che nuove forze erano in movimento.

En djupare känsla sade honom att nya krafter var i rörelse.

Una strana vita si agitava nei boschi e lungo i corsi d'acqua.

Märkligt liv rörde sig genom skogarna och längs bäckarna.

Decise di esplorare questo spirito una volta completata la caccia.

Han bestämde sig för att utforska denna ande, efter att jakten
var avslutad.

Il quarto giorno, Buck riuscì finalmente a catturare l'alce.

På den fjärde dagen fällde Buck äntligen älgen.

**Rimase nei pressi della preda per un giorno e una notte
interi, nutrendosi e riposandosi.**

Han stannade vid bytet en hel dag och natt, åt och vilade.

**Mangiò, poi dormì, poi mangiò ancora, finché non fu forte e
sazio.**

Han åt, sedan sov han, sedan åt han igen, tills han var stark
och mätt.

**Quando fu pronto, tornò indietro verso l'accampamento e
Thornton.**

När han var redo vände han sig tillbaka mot lägret och
Thornton.

**Con passo costante iniziò il lungo viaggio di ritorno verso
casa.**

Med jämn takt påbörjade han den långa hemresan.

**Correva con la sua andatura instancabile, ora dopo ora, senza
mai smarrirsi.**

Han sprang i sitt outtröttliga lopp, timme efter timme, utan att
någonsin avvika.

**Attraverso terre sconosciute, si muoveva dritto come l'ago di
una bussola.**

Genom okända länder rörde han sig rakt som en kompassnål.

**Il suo senso dell'orientamento faceva sembrare deboli, al
confronto, l'uomo e la mappa.**

Hans riktningssinne fick människan och kartan att verka
svaga i jämförelse.

**Mentre Buck correva, sentiva sempre più forte l'agitazione
nella terra selvaggia.**

Medan Buck sprang, kände han starkare av uppståndelsen i
det vilda landskapet.

**Era un nuovo tipo di vita, diverso da quello dei tranquilli
mesi estivi.**

Det var ett nytt slags liv, till skillnad från de lugna
sommarmånaderna.

Questa sensazione non giungeva più come un messaggio sottile o distante.

Denna känsla kom inte längre som ett subtilt eller avlägset budskap.

Ora gli uccelli parlavano di questa vita e gli scoiattoli chiacchieravano.

Nu talade fåglarna om detta liv, och ekorrarna pladdrade om det.

Persino la brezza sussurrava avvertimenti tra gli alberi silenziosi.

Till och med brisen viskade varningar genom de tysta träden.

Più volte si fermò ad annusare l'aria fresca del mattino.

Flera gånger stannade han och sniffade i den friska morgonluften.

Lì lesse un messaggio che lo fece fare un balzo in avanti più velocemente.

Han läste ett meddelande där som fick honom att hoppa framåt snabbare.

Fu pervaso da un forte senso di pericolo, come se qualcosa fosse andato storto.

En stark känsla av fara fyllde honom, som om något hade gått fel.

Temeva che la calamità stesse per arrivare, o che fosse già arrivata.

Han befarade att olyckan var på väg – eller redan hade kommit.

Superò l'ultima cresta ed entrò nella valle sottostante.

Han korsade den sista bergskammen och kom in i dalen nedanför.

Si muoveva più lentamente, attento e cauto a ogni passo.

Han rörde sig långsammare, vaksam och försiktig med varje steg.

Dopo tre miglia trovò una pista fresca che lo fece irrigidire.

Tre mil bort hittade han ett nytt spår som fick honom att stelna till.

I peli sul collo si rizzarono e si rizzarono in segno di allarme.

Håret längs hans hals krusade och borstade av oro.

Il sentiero portava dritto all'accampamento dove Thornton aspettava.

Stigen ledde rakt mot lägret där Thornton väntade.

Buck ora si muoveva più velocemente, con passi silenziosi e rapidi.

Buck rörde sig snabbare nu, hans steg både tysta och snabba.

I suoi nervi si irrigidirono mentre leggeva segnali che altri non avrebbero notato.

Hans nerver spändes när han läste tecken som andra skulle missa.

Ogni dettaglio del percorso raccontava una storia, tranne l'ultimo pezzo.

Varje detalj i leden berättade en historia – förutom den sista biten.

Il suo naso gli raccontò della vita che aveva trascorso lì.

Hans näsa berättade honom om livet som hade passerat på detta sätt.

L'odore gli fornì un'immagine mutevole mentre lo seguiva da vicino.

Doften gav honom en växlande bild när han följde tätt efter.

Ma la foresta stessa era diventata silenziosa, innaturalmente immobile.

Men skogen själv hade blivit tyst; onaturligt stilla.

Gli uccelli erano scomparsi, gli scoiattoli erano nascosti, silenziosi e immobili.

Fåglar hade försvunnit, ekorrar var gömda, tysta och stilla.

Vide solo uno scoiattolo grigio, sdraiato su un albero morto.

Han såg bara en grå ekorre, platt på ett dött träd.

Lo scoiattolo si mimetizzava, rigido e immobile come una parte della foresta.

Ekorren smälte in i gruppen, stel och orörlig som en del av skogen.

Buck si muoveva come un'ombra, silenzioso e sicuro tra gli alberi.

Buck rörde sig som en skugga, tyst och säker genom träden.

Il suo naso si mosse di lato come se fosse stato tirato da una mano invisibile.

Hans näsa ryckte åt sidan som om den drogs av en osynlig hand.

Si voltò e seguì il nuovo odore nel profondo di un boschetto.

Han vände sig om och följde den nya doften djupt in i ett snår.

Lì trovò Nig, steso morto, trafitto da una freccia.

Där fann han Nig, liggande död, genomborrad av en pil.

La freccia gli attraversò il corpo, lasciando ancora visibili le piume.

Skaftet gick rakt genom hans kropp, fjädrarna syntes fortfarande.

Nig si era trascinato fin lì, ma era morto prima di riuscire a raggiungere i soccorsi.

Nig hade släpat sig dit, men dog innan han nådde fram till hjälp.

Cento metri più avanti, Buck trovò un altro cane da slitta.

Hundra meter längre fram hittade Buck en annan slädhund.

Era un cane che Thornton aveva comprato a Dawson City.

Det var en hund som Thornton hade köpt hemma i Dawson City.

Il cane lottava con tutte le sue forze, dimenandosi violentemente sul sentiero.

Hunden var i en dödskamp och sprattlade hårt på stigen.

Buck gli passò accanto senza fermarsi, con gli occhi fissi davanti a sé.

Buck gick förbi honom utan att stanna, med blicken fäst framåt.

Dalla direzione dell'accampamento proveniva un canto lontano e ritmico.

Från lägret kom en avlägsen, rytmisk sång.

Le voci si alzavano e si abbassavano con un tono strano, inquietante, cantilenante.

Röster höjdes och sjönk i en märklig, kuslig, sjungande ton.

Buck strisciò in silenzio fino al limite della radura.

Buck kröp fram till gläntans kant i tystnad.

Lì vide Hans disteso a faccia in giù, trafitto da numerose frecce.

Där såg han Hans ligga med ansiktet nedåt, genomborrad av många pilar.

Il suo corpo sembrava quello di un porcospino, irto di penne.

Hans kropp såg ut som ett piggsvin, full av befjädrade skaft.

Nello stesso momento, Buck guardò verso la capanna in rovina.

I samma ögonblick tittade Buck mot den förstörda stugan.

Quella vista gli fece rizzare i capelli sul collo e sulle spalle.

Synen fick håret att resa sig stelt på hans nacke och axlar.

Un'ondata di rabbia selvaggia travolse tutto il corpo di Buck.

En storm av vild ilska svepte genom hela Bucks kropp.

Ringhiò forte, anche se non ne era consapevole.

Han morrade högt, fast han inte visste att han hade gjort det.

Il suono era crudo, pieno di una furia terrificante e selvaggia.

Ljudet var rått, fyllt av skrämmande, vild ilska.

Per l'ultima volta nella sua vita, Buck perse la ragione a causa delle emozioni.

För sista gången i sitt liv tappade Buck förståndet till förmån för känslorna.

Fu l'amore per John Thornton a spezzare il suo attento controllo.

Det var kärleken till John Thornton som bröt hans noggranna kontroll.

Gli Yeehats ballavano attorno alla baita in legno di abete rosso distrutta.

Familjen Yeehat dansade runt den förfallna granstugan.

Poi si udì un ruggito e una bestia sconosciuta si lanciò verso di loro.

Sedan kom ett vrål – och ett okänt odjur stormade mot dem.

Era Buck: una furia in movimento, una tempesta vivente di vendetta.

Det var Buck; ett raseri i rörelse; en levande hämndstorm.

Si gettò in mezzo a loro, folle di voglia di uccidere.

Han kastade sig mitt ibland dem, galen av behovet att döda.

Si lanciò contro il primo uomo, il capo Yeehat, e colpì nel segno.

Han hoppade på den förste mannen, Yeehat-hövdingen, och slog till.

La sua gola era squarciata e il sangue schizzava a fiotti.

Hans hals var uppriven och blod sprutade fram i en ström.

Buck non si fermò, ma con un balzo squarciò la gola dell'uomo successivo.

Buck stannade inte, utan slet av nästa mans hals med ett enda språng.

Era inarrestabile: squarciava, tagliava, non si fermava mai a riposare.

Han var ostoppbar – slet sönder, högg, stannade aldrig upp för att vila.

Si lanciò e balzò così velocemente che le loro frecce non riuscirono a toccarlo.

Han pilade och sprang så fort att deras pilar inte kunde nå honom.

Gli Yeehats erano in preda al panico e alla confusione.

Familjen Yeehat var fångade i sin egen panik och förvirring.

Le loro frecce non colpirono Buck e si colpirono tra loro.

Deras pilar missade Buck och träffade varandra istället.

Un giovane scagliò una lancia contro Buck e colpì un altro uomo.

En yngling kastade ett spjut mot Buck och träffade en annan man.

La lancia gli trapassò il petto e la punta gli trafisse la schiena.

Spjutet trängde igenom hans bröst, spetsen stack ut hans rygg.

Il terrore travolse gli Yeehats, che si diedero alla ritirata.

Skräck svepte över Yeehats, och de bröt sig till full reträtt.

Urlarono allo Spirito Maligno e fuggirono nelle ombre della foresta.

De skrek efter den onda anden och flydde in i skogens skuggor.

Buck era davvero come un demone mentre inseguiva gli Yeehats.

Buck var sannerligen som en demon när han jagade Yeehats.

Li inseguì attraverso la foresta, abbattendoli come cervi.

Han rusade efter dem genom skogen och fällde dem som
hjortar.

**Divenne un giorno di destino e terrore per gli spaventati
Yeehats.**

Det blev en ödets och skräckens dag för de skrämda Yeehats.

Si dispersero sul territorio, fuggendo in ogni direzione.

De spreds över landet och flydde långt i alla riktningar.

**Passò un'intera settimana prima che gli ultimi sopravvissuti
si incontrassero in una valle.**

En hel vecka gick innan de sista överlevande möttes i en dal.

**Solo allora contarono le perdite e raccontarono quanto
accaduto.**

Först då räknade de sina förluster och talade om vad som
hände.

**Buck, stanco dell'inseguimento, ritornò all'accampamento in
rovina.**

Efter att ha tröttnat på jakten återvände Buck till det förstörda
lägret.

**Trovò Pete, ancora avvolto nelle coperte, ucciso nel primo
attacco.**

Han hittade Pete, fortfarande i sina filtar, dödad i den första
attacken.

**I segni dell'ultima lotta di Thornton erano visibili nella terra
lì vicino.**

Spår av Thorntons sista kamp fanns markerade i jorden i
närheten.

**Buck seguì ogni traccia, annusando ogni segno fino al punto
finale.**

Buck följde varje spår och nosade på varje märke ända till en
slutpunkt.

**Sul bordo di una profonda pozza trovò il fedele Skeet,
immobile.**

Vid kanten av en djup damm fann han den trogne Skeet,
liggande stilla.

La testa e le zampe anteriori di Skeet erano nell'acqua, immobili nella morte.

Skeets huvud och framtassar var i vattnet, orörliga i döden.

La piscina era fangosa e contaminata dai liquidi di scarico delle chiuse.

Poolen var lerig och befläckad av avrinning från slusslådorna.

La sua superficie torbida nascondeva ciò che si trovava sotto, ma Buck conosceva la verità.

Dess molniga yta dolde vad som låg under, men Buck visste sanningen.

Seguì l'odore di Thornton nella piscina, ma non lo portò da nessun'altra parte.

Han följde Thorntons doft ner i dammen – men doften ledde ingen annanstans.

Non c'era alcun odore che provenisse, solo il silenzio dell'acqua profonda.

Det fanns ingen doft som ledde ut – bara tystnaden av djupt vatten.

Buck rimase tutto il giorno vicino alla piscina, camminando avanti e indietro per l'accampamento, addolorato.

Hela dagen stannade Buck nära dammen och gick sorgset fram och tillbaka i lägret.

Vagava irrequieto o sedeva immobile, immerso nei suoi pensieri.

Han vandrade rastlöst omkring eller satt stilla, försjunken i tunga tankar.

Conosceva la morte, la fine della vita, la scomparsa di ogni movimento.

Han kände döden; livets slut; all rörelses försvinnande.

Capì che John Thornton se n'era andato e non sarebbe mai più tornato.

Han förstod att John Thornton var borta och aldrig skulle återvända.

La perdita lasciò in lui un vuoto che pulsava come la fame.

Förlusten lämnade ett tomrum inom honom som pulserade som hunger.

Ma questa era una fame che il cibo non riusciva a placare, non importava quanto ne mangiasse.

Men detta var en hunger som mat inte kunde stilla, oavsett hur mycket han åt.

A volte, mentre guardava i cadaveri di Yeehats, il dolore si attenuava.

Ibland, när han tittade på de döda Yeehats, bleknade smärtan.

E poi dentro di lui nacque uno strano orgoglio, feroce e totale.

Och sedan steg en märklig stolthet inom honom, våldsam och fullständig.

Aveva ucciso l'uomo, la preda più alta e pericolosa di tutte.

Han hade dödat människan, det högsta och farligaste spelet av alla.

Aveva ucciso in violazione dell'antica legge del bastone e della zanna.

Han hade dödat i strid med den urgamla lagen om klubba och huggtand.

Buck annusò i loro corpi senza vita, curioso e pensieroso.

Buck sniffade på deras livlösa kroppar, nyfiken och fundersam.

Erano morti così facilmente, molto più facilmente di un husky in combattimento.

De hade dött så lätt – mycket lättare än en husky i ett slagsmål.

Senza le armi non avrebbero avuto vera forza né avrebbero rappresentato una minaccia.

Utan sina vapen hade de ingen verklig styrka eller hot.

Buck non avrebbe più avuto paura di loro, a meno che non fossero stati armati.

Buck skulle aldrig bli rädd för dem igen, om de inte var beväpnade.

Stava attento solo quando portavano clave, lance o frecce.

Bara när de bar klubbor, spjut eller pilar skulle han akta sig.

Calò la notte e la luna piena spuntò alta sopra le cime degli alberi.

Natten föll, och en fullmåne steg högt över trädens toppar.

La pallida luce della luna avvolgeva la terra in un tenue e spettrale chiarore, come se fosse giorno.

Månens bleka ljus badade landet i ett mjukt, spöklikt sken likt dag.

Mentre la notte avanzava, Buck continuava a piangere presso la pozza silenziosa.

Medan natten blev djupare sörjde Buck fortfarande vid den tysta dammen.

Poi si accorse di un diverso movimento nella foresta.

Sedan blev han medveten om en annan rörelse i skogen.

L'agitazione non proveniva dagli Yeehats, ma da qualcosa di più antico e profondo.

Uppståndelsen kom inte från Yeehats, utan från något äldre och djupare.

Si alzò in piedi, drizzò le orecchie e tastò con attenzione la brezza con il naso.

Han reste sig upp, med öronen lyfta och näsan undersökte försiktigt vinden.

Da lontano giunse un debole e acuto grido che squarciò il silenzio.

Fjärranifrån hördes ett svagt, skarpt skrik som genombröt tystnaden.

Poi un coro di grida simili seguì subito dopo il primo.

Sedan följde en kör av liknande rop tätt efter det första.

Il suono si avvicinava sempre di più, diventando sempre più forte con il passare dei minuti.

Ljudet kom närmare och blev högre för varje ögonblick som gick.

Buck conosceva quel grido: proveniva da quell'altro mondo nella sua memoria.

Buck kände igen det här ropet – det kom från den där andra världen i hans minne.

Si recò al centro dello spazio aperto e ascoltò attentamente.

Han gick till mitten av den öppna platsen och lyssnade uppmärksamt.

L'appello risuonò più forte che mai, più sentito e più potente che mai.

Ropet ljöd, mångnoterat och kraftfullare än någonsin.

E ora, più che mai, Buck era pronto a rispondere alla sua chiamata.

Och nu, mer än någonsin tidigare, var Buck redo att svara på hans kallelse.

John Thornton era morto e in lui non era rimasto alcun legame con l'uomo.

John Thornton var död, och ingen koppling till människan fanns kvar inom honom.

L'uomo e tutte le pretese umane erano svaniti: era finalmente libero.

Människan och alla mänskliga anspråk var borta – han var äntligen fri.

Il branco di lupi era a caccia di carne, proprio come un tempo avevano fatto gli Yeehats.

Vargflocken jagade kött precis som Yeehats en gång gjorde.

Avevano seguito le alci mentre scendevano dalle terre boscose.

De hade följt älgar ner från de skogsklädda markerna.

Ora, selvaggi e affamati di prede, attraversarono la sua valle.

Nu, vilda och hungriga efter byte, korsade de in i hans dal.

Giunsero nella radura illuminata dalla luna, scorrendo come acqua argentata.

In i den månbelysta gläntan kom de, flödande som silverfärgat vatten.

Buck rimase immobile al centro, in attesa.

Buck stod stilla i mitten, orörlig och väntade på dem.

La sua presenza calma e imponente lasciò il branco senza parole, tanto da farlo restare per un breve periodo in silenzio.

Hans lugna, stora närvaro chockade flocken till en kort tystnad.

Allora il lupo più audace gli saltò addosso senza esitazione.

Då hoppade den djärvaste vargen rakt på honom utan att tveka.

Buck colpì rapidamente e spezzò il collo del lupo con un solo colpo.

Buck slog till snabbt och bröt vargens nacke i ett enda slag.

Rimase di nuovo immobile mentre il lupo morente si contorceva dietro di lui.

Han stod orörlig igen medan den döende vargen vred sig bakom honom.

Altri tre lupi attaccarono rapidamente, uno dopo l'altro.

Tre fler vargar attackerade snabbt, en efter en.

Ognuno di loro si ritrasse sanguinante, con la gola o le spalle tagliate.

Var och en drog sig tillbaka blödande, med uppskurna halsar eller axlar.

Ciò fu sufficiente a scatenare una carica selvaggia da parte dell'intero branco.

Det räckte för att utlösa en vild attack mot hela flocken.

Si precipitarono tutti insieme, troppo impazienti e troppo ammassati per colpire bene.

De rusade in tillsammans, för ivriga och för trånga för att slå till ordentligt.

La velocità e l'abilità di Buck gli permisero di anticipare l'attacco.

Bucks snabbhet och skicklighet gjorde att han kunde ligga steget före attacken.

Girò sulle zampe posteriori, schioccando i denti e colpendo in tutte le direzioni.

Han snurrade runt på bakbenen, fräste och slog i alla riktningar.

Ai lupi sembrò che la sua difesa non si fosse mai aperta o avesse vacillato.

För vargarna verkade det som om hans försvar aldrig öppnades eller vacklade.

Si voltò e colpì così velocemente che non riuscirono a raggiungerlo alle spalle.

Han vände sig om och högg så snabbt att de inte kunde komma bakom honom.

Ciononostante, il loro numero lo costrinse a cedere terreno e a ritirarsi.

Ändå tvingade deras antal honom att ge mark och backa.

Superò la piscina e scese nel letto roccioso del torrente.

Han rörde sig förbi dammen och ner i den steniga bäckfåran.

Lì si imbatté in un ripido pendio di ghiaia e terra.

Där stötte han på en brant sluttning av grus och jord.

Si è infilato in un angolo scavato durante i vecchi scavi dei minatori.

Han körde in i ett hörn som skars av under gruvarbetarnas gamla grävning.

Ora, protetto su tre lati, Buck si trovava di fronte solo al lupo frontale.

Nu, skyddad från tre sidor, stod Buck bara inför den främsta vargen.

Lì rimase in attesa, pronto per la successiva ondata di assalto.

Där stod han i schack, redo för nästa våg av anfall.

Buck mantenne la posizione con tanta ferocia che i lupi indietreggiarono.

Buck stod så hårt stånd att vargarna drog sig tillbaka.

Dopo mezz'ora erano sfiniti e visibilmente sconfitti.

Efter en halvtimme var de utmattade och synbart besegrade.

Le loro lingue pendevano fuori e le loro zanne bianche brillavano alla luce della luna.

Deras tungor hängde ut, deras vita huggtänder glänste i månskenet.

Alcuni lupi si sdraiano, con la testa alzata e le orecchie dritte verso Buck.

Några vargar lade sig ner med huvudet höjd och öronen spetsade mot Buck.

Altri rimasero immobili, attenti e osservarono ogni suo movimento.

Andra stod stilla, vaksamma och iakttog hans varje rörelse.

Qualcuno si avvicinò alla piscina e bevve l'acqua fredda.

Några gick till poolen och drack kallt vatten.

Poi un lupo grigio, lungo e magro, si fece avanti furtivamente, con passo gentile.

Sedan smög en lång, mager grå varg fram på ett försiktigt sätt.

Buck lo riconobbe: era il fratello selvaggio di prima.

Buck kände igen honom – det var den vilde brodern från förr.

Il lupo grigio uggiolò dolcemente e Buck rispose con un guaito.

Den grå vargen gnällde mjukt, och Buck svarade med ett gnäll.

Si toccarono il naso, silenziosamente, senza timore o minaccia.

De rörde vid näsorna, tyst och utan hot eller rädsla.

Poi venne un lupo più anziano, scarno e segnato dalle numerose battaglie.

Nästa kom en äldre varg, mager och ärrad efter många strider.

Buck cominciò a ringhiare, ma si fermò e annusò il naso del vecchio lupo.

Buck började morra, men tystnade och sniffade på den gamle vargens nos.

Il vecchio si sedette, alzò il naso e ululò alla luna.

Den gamle satte sig ner, höjde på nosen och ylade mot månen.

Il resto del branco si sedette e si unì al lungo ululato.

Resten av flocken satte sig ner och medverkade i det långa ylandet.

E ora la chiamata giunse a Buck, inequivocabile e forte.

Och nu kom kallelsen till Buck, otvetydig och stark.

Si sedette, alzò la testa e ululò insieme agli altri.

Han satte sig ner, lyfte huvudet och ylade med de andra.

Quando l'ululato cessò, Buck uscì dal suo riparo roccioso.

När ylandet tog slut klev Buck ut ur sitt steniga skydd.

Il branco si strinse attorno a lui, annusando con gentilezza e cautela.

Flocken slöt sig om honom och nosade både vänligt och försiktigt.

Allora i capi lanciarono un grido e si precipitarono nella foresta.

Sedan gav ledarna till ett skrik och sprang iväg in i skogen.

Gli altri lupi li seguirono, guaendo in coro, selvaggi e veloci nella notte.

De andra vargarna följde efter, skrikande i kör, vilda och snabba i natten.

Buck corse con loro, accanto al suo selvaggio fratello, ululando mentre correva.

Buck sprang med dem, bredvid sin vilde bror, och ylade medan han sprang.

Qui la storia di Buck giunge al termine.

Här gör berättelsen om Buck det bra att nå sitt slut.

Negli anni a seguire, gli Yeehats notarono degli strani lupi.

Under åren som följde lade Yeehats märke till konstiga vargar.

Alcuni avevano la testa e il muso marroni e il petto bianco.

Vissa hade brunt på huvudet och nospartiet, vitt på bröstet.

Ma ancora di più temevano la presenza di una figura spettrale tra i lupi.

Men ännu mer fruktade de en spöklik figur bland vargarna.

Parlavano a bassa voce del Cane Fantasma, il capo del branco.

De talade i viskningar om Spökhunden, flockens ledare.

Questo cane fantasma era più astuto del più audace cacciatore di Yeehat.

Denna Spökhund var slughete än den djärvaste Yeehat-jägaren.

Il cane fantasma rubava dagli accampamenti nel cuore dell'inverno e faceva a pezzi le loro trappole.

Spökhunden stal från läger i djupvinter och slet sönder deras fällor.

Il cane fantasma uccise i loro cani e sfuggì alle loro frecce senza lasciare traccia.

Spökhunden dödade deras hundar och undkom deras pilar spårlöst.

Perfino i guerrieri più coraggiosi avevano paura di affrontare questo spirito selvaggio.

Till och med deras modigaste krigare fruktade att möta denna vilda ande.

No, la storia diventa ancora più oscura con il passare degli anni trascorsi nella natura selvaggia.

Nej, berättelsen blir ännu mörkare allt eftersom åren går i det vilda.

Alcuni cacciatori scompaiono e non fanno più ritorno ai loro accampamenti lontani.

Vissa jägare försvinner och återvänder aldrig till sina avlägsna läger.

Altri vengono trovati con la gola squarciata, uccisi nella neve.

Andra hittas med uppslitna halsar, döda i snön.

Intorno ai loro corpi ci sono delle impronte più grandi di quelle che un lupo potrebbe mai lasciare.

Runt deras kroppar finns spår – större än någon varg skulle kunna göra.

Ogni autunno, gli Yeehats seguono le tracce dell'alce.

Varje höst följer Yeehats älgens spår.

Ma evitano una valle perché la paura è scolpita nel profondo del loro cuore.

Men de undviker en dal med rädsla djupt inristad i sina hjärtan.

Si dice che la valle sia stata scelta dallo Spirito Maligno come sua dimora.

De säger att dalen är utvald av den onda anden för sitt hem.

E quando la storia viene raccontata, alcune donne piangono accanto al fuoco.

Och när historien berättas gråter några kvinnor bredvid elden.

Ma d'estate, c'è un visitatore che giunge in quella valle sacra e silenziosa.

Men på sommaren kommer en besökare till den tysta, heliga dalen.

Gli Yeehats non lo conoscono e non potrebbero capirlo.

Yeehats känner inte till honom, och de kunde inte heller förstå.

Il lupo è un animale grandioso, ricoperto di gloria, come nessun altro della sua specie.

Vargen är en stor varelse, täckt av prakt, olik ingen annan i sitt slag.

Lui solo attraversa il bosco verde ed entra nella radura della foresta.

Han ensam går över från det gröna skogsområdet och in i skogsgläntan.

Lì, la polvere dorata contenuta nei sacchi di pelle d'alce si infiltra nel terreno.

Där sipprar gyllene damm från älgskinnssäckar ner i jorden.

L'erba e le foglie vecchie hanno nascosto il giallo del sole.

Gräs och gamla löv har dolt det gula från solen.

Qui il lupo resta in silenzio, pensando e ricordando.

Här står vargen i tystnad, tänker och minns.

Urla una volta sola, a lungo e lugubremente, prima di girarsi e andarsene.

Han ylar en gång – långt och sorgset – innan han vänder sig om för att gå.

Ma non è sempre solo nella terra del freddo e della neve.

Ändå är han inte alltid ensam i kylans och snöns land.

Quando le lunghe notti invernali scendono sulle valli più basse.

När långa vinternätter sänker sig över de lägre dalarna.

Quando i lupi seguono la selvaggina attraverso il chiaro di luna e il gelo.

När vargarna följer vilt genom månsken och frost.

Poi corre in testa al gruppo, saltando in alto e in modo selvaggio.

Sedan springer han i spetsen för flocken, hoppande högt och vilt.

La sua figura svetta sulle altre, la sua gola risuona di canto.

Hans gestalt tornar upp sig över de andra, hans strupe levande av sång.

È il canto del mondo più giovane, la voce del branco.

Det är den yngre världens sång, flockens röst.

Canta mentre corre: forte, libero e per sempre selvaggio.

Han sjunger medan han springer – stark, fri och evigt vild.

www.ingramcontent.com/pod-product-compliance
Lightning Source LLC
Chambersburg PA
CBHW011730020426
42333CB00024B/2828